Martials Sinngedichte

Urtext und Übertragung

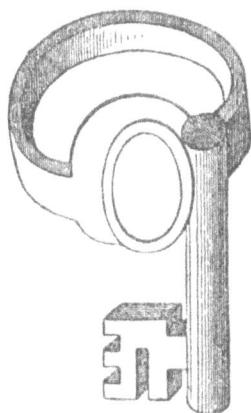

Ausgewählt und zum Teil neu verdeutscht

von Horst Rüdiger

Im Ernst Heimeran Verlag München

M. Valerii Martialis
epigrammaton
electio

Hic est quem legis ille, quem requiris,
Toto notus in orbe Martialis
Argutis epigrammaton libellis:
Cui, lector studiose, quod dedisti
Viventi decus atque sentienti,
Rari post cineres habent poetae.

An den Leser

Der hier, den du liesest, teurer Leser,
Ist der weltbekannte Martialis,
Der Verfasser kleiner Sinngedichte.
Was du gütig ihm an Ehr erzeigtest,
Als er lebte, das genießen selten
Andre Dichter eher als im Tode.

Spero me secutum in libellis meis tale temperamentum, ut de illis queri non possit quisquis de se bene senserit, cum salva infimarum quoque personarum reverentia ludant; quae adeo antiquis auctoribus defuit, ut nominibus non tantum veris abusi sint, sed et magnis. Mihi fama vilius constet et probetur in me novissimum ingenium. Absit a iocorum nostrorum simplicitate malignus interpres nec epigrammata mea scribat: inprobe facit qui in alieno libro ingeniosus est. Lascivam verborum veritatem, id est epigrammaton linguam, excusarem, si meum esset exemplum: sic scribit Catullus, sic Marsus, sic Pedo, sic Gaetulicus, sic quicumque perlegitur. Si quis tamen tam ambitiose tristis est, ut apud illum in nulla pagina latine loqui fas sit, potest epistula vel potius titulo contentus esse. Eprigrammata illis scribuntur, qui solent spectare Florales. Non intret Cato theatrum meum, aut si intraverit, spectet. Videor mihi meo iure facturus, si epistulam versibus clusero:

Nosses iocosae dulce cum sacrum Florae
Festosque lusus et licentiam volgi,
Cur in theatrum, Cato severe, venisti?
An ideo tantum veneras, ut exires?

*I*ch hoffe, in meinen Büchern so viel Mäßigung befolgt zu haben, daß sich niemand darüber beschweren kann, der ein gutes Gewissen hat; denn bei meinen Späßen nehme ich auch gegen die geringsten Personen alle nötige Rücksicht. Sie fehlte den alten Schriftstellern in einem Grade, daß sie nicht nur die wirklichen Namen mißbrauchten, sondern auch die großen. Ich möchte meinen Ruhm um einen geringeren Preis erwerben und hoffe, daß man meine ganz neue Art zu schreiben billigen wird. Fern bleibe ein boshafter Ausleger der Harmlosigkeit meiner Witze, und niemand deutele an meinen Epigrammen herum! Weh dem, der nur an einem fremden Geisteswerk erfinderisch wird! Die kecke Offenheit der Worte, das heißt die Sprache der Epigramme, müßte ich entschuldigen, hätte ich als erster dafür das Beispiel gegeben: Doch so schreibt schon Katull, so Marsus, so Pedo, so Gätulikus, so schreibt jeder Autor, der viel gelesen wird. Wenn aber jemand so viel Strenge zur Schau tragen sollte, daß bei ihm auf keinem Blatte mehr ehrlich lateinisch gesprochen werden darf, so mag er sich mit diesem Widmungsbriefe oder noch besser mit dem Titel allein begnügen. Epigramme werden für den geschrieben, der sich die Florafestspiele anzuschauen pflegt. Betrete kein Kato mein Theater, oder ist er einmal drin, so schaue er auch zu! Ich glaube, Recht zu tun, wenn ich diesen Brief mit den Versen schließe:

Der Flora Fest, die lächerliche Lust,
Des Volkes freier Scherz, war dir nicht unbewußt:
Warum denn, Sauertopf, kamst du das Spiel zu sehen?
Kamst du nur her, um wieder wegzugehen?

I. 4

Contigeris nostros, Caesar, si forte libellos,
   Terrarum dominum pone supercilium.
Consuevere iocos vestri quoque ferre triumphi,
   Materiam dictis nec pudet esse ducem.
Qua Thymelen spectas derisoremque Latinum,
   Illa fronte precor carmina nostra legas.
Innocuos censura potest permittere lusus:
   Lasciva est nobis pagina, vita proba.

I. 8

Quod magni Thraseae consummatique Catonis
   Dogmata sic sequeris, salvos ut esse velis,
Pectore nec nudo strictos incurris in ensis,
   Quod fecisse velim te, Deciane, facis.
Nolo virum facili redimit qui sanguine famam,
   Hunc volo, laudari qui sine morte potest.

I. 9

Bellus homo et magnus vis idem, Cotta, videri:
  Sed qui bellus homo est, Cotta, pusillus homo est.

I. 15

O mihi post nullos, Iuli, memorande sodales,
   Si quid longa fides canaque iura valent,

An den Kaiser

Wenn du, o Kaiser, vielleicht mein Buch in die Hand nehmen solltest,
    Lege die Hoheit ab eines Gebieters der Welt!
Deine Triumphe sogar sind gewohnt, einen Scherz zu ertragen,
    Selber der Feldherr dient willig als Stoff für den Witz.
Lies in derselben Stimmung, in der du der Tänzerin zuschaust
    Oder dem Spötter Latin, meine Gedichte auch durch!
Harmlos scherzendes Spiel kann wohl der Zensor erlauben:
    Ist auch lose mein Buch, bin ich im Leben doch keusch.

Der weise Held

Wenn du also den Lehren der hocherhabenen Männer,
    Katos und Thraseas, folgst: daß du dein Leben bewahrst
Und mit entblößter Brust dich nicht stürzest in blinkende Schwerter –
    Handelst du so, Decian, wie dir zu handeln geziemt.
Der ist nimmer mein Mann, der für Ruhm leichtfertig sein Blut
                            gibt;
    Der ist's, der sich den Ruhm ohne den Tod erwirbt.

An den Marull

Groß willst du und auch artig sein?
Marull, was artig ist, ist klein.

Heute, heute, nur nicht morgen

O du, wenn alte Treu noch ihren Wert behält
Und graues Recht noch gilt, mein Liebstes auf der Welt!

Bis iam paene tibi consul tricensimus instat,
  Et numerat paucos vix tua vita dies.
Non bene distuleris videas quae posse negari,
  Et solum hoc ducas, quod fuit, esse tuum.
Expectant curaeque catenatique labores,
  Gaudia non remanent, sed fugitiva volant.
Haec utraque manu conplexuque adsere toto:
  Saepe fluunt imo sic quoque lapsa sinu.
Non est, crede mihi, sapientis dicere „Vivam“:
  Sera nimis vita est crastina: vive hodie.

I. 16

Sunt bona, sunt quaedam mediocria, sunt mala plura
  Quae legis hic: aliter non fit, Avite, liber.

I. 17

  Cogit me Titus actitare causas
  Ed dicit mihi saepe „Magna res est“.
  Res magna est, Tite, quam facit colonus.

I. 19

Si memini, fuerant tibi quattuor, Aelia, dentes:
  Expulit una duos tussis et una duos.
Iam secura potes totis tussire diebus:
  Nil istic quod agat tertia tussis habet.

Zu dreißig Jahren sind dir dreißig fast verflossen;
Doch hast du wenig Lust in dieser Zeit genossen.
Ergreife bald, was bald entgehn kann! Das allein,
Mein Julius, was schon vorbei ist, nenne dein.
Auf Sorg und Müh folgt Sorg und Müh wie an der Kette.
Die Freuden rasten nicht; sie fliehen um die Wette.
Mit beiden Armen, Freund, umklammre sie! Gar oft
Entschlüpfet, was man noch so fest zu halten hofft.
Kein Weiser, glaube mir, spricht: „Morgen will ich leben.‟
Das Morgen ist zu spät; heut ziemt sich’s anzuheben.

Fluch des Irdischen

Gut ist etwas, mittelmäßig mehr, das meiste schlecht gemacht.
Anders – glaube mir, Avitus – wird kein Werk hervorgebracht.

Einem Geschäftigen

Titus quält mich, ich soll Prozesse führen;
Öfter sagt er zu mir: „Der Fall ist wichtig!‟ –
Wichtig, Titus, ist nur des Bauern Arbeit!

Beruhigend

Vier Zähne hattest du, wenn ich nicht irrig bin;
Ein Husten nahm dir zwei, und zwei der andre hin.
Nun huste Tag für Tag, und ohne dich zu grämen!
Nichts kann dir, Älia, der dritte Husten nehmen.

I. 28

Hesterno fetere mero qui credit Acerram,
  Fallitur: in lucem semper Acerra bibit.

I. 29

Fama refert nostros te, Fidentine, libellos
  Non aliter populo quam recitare tuos.
Si mea vis dici, gratis tibi carmina mittam:
  Sic dici tua vis, hoc eme, ne mea sint.

I. 32

Non amo te, Sabidi, nec possum dicere quare:
  Hoc tantum possum dicere, non amo te.

I. 33

Amissum non flet cum sola est Gellia patrem,
  Si quis adest, iussae prosiliunt lacrimae.
Non luget quisquis laudari, Gellia, quaerit,
  Ille dolet vere, qui sine teste dolet.

I. 38

Quem recitas meus est, o Fidentine, libellus:
  Sed male cum recitas, incipit esse tuus.

I. 43

Bis tibi triceni fuimus, Mancine, vocati
  Et positum est nobis nil here praeter aprum,

Irrtum

Wer spricht: Acerra stinkt seit gestern noch vom Wein,
Spricht falsch; Acerra säuft bis in den Tag hinein.

An einen betrügerischen Vorleser

Freundchen, man sagt, du läsest meine geliehenen Verse
  Immer dem Volke vor, grade als wären sie dein.
Wenn du sie mein willst nennen, so schenk' ich dir diese Gedichte;
  Sollen es meine nicht sein, kaufe sie: Dann sind sie dein.

Trux an den Sabin

Ich hasse dich, Sabin; doch weiß ich nicht weswegen:
Genug, ich hasse dich. Am Grund ist nichts gelegen.

Wahre Trauer

Allein weint Gellia um ihren Vater nicht;
  Kommt jemand, alsobald benetzt sie ihr Gesicht.
Der trauert nicht, wer Lob und Ruhm dadurch erjaget;
  Der klagt nur, Gellia, wer sonder Zeugen klaget.

Besitzwechsel

Das Büchlein, das du deklamierst, ist mein.
Du deklamierst es schlecht; schon ist es dein.

An den filzigen Aulus

Zweimal dreißig geladene Gäste waren wir, Aulus,
  Doch nur ein wildes Schwein setztest du gestern uns vor.

Non quae de tardis servantur vitibus uvae
    Dulcibus aut certant quae melimela favis,
Non pira quae longa pendent religata genesta
    Aut imitata brevis Punica grana rosas,
Rustica lactantes nec misit Sassina metas
    Nec de Picenis venit oliva cadis:
Nudus aper, sed et hic minimus qualisque necari
    A non armato pumilione potest.
Et nihil inde datum est; tantum spectavimus omnes:
    Ponere aprum nobis sic et harena solet.
Ponatur tibi nullus aper post talia facta,
    Sed tu ponaris cui Charidemus apro.

I. 47

Nuper erat medicus, nunc est vispillo Diaulus:
    Quod vispillo facit, fecerat et medicus.

I. 54

Si quid, Fusce, vacas adhuc amari –
Nam sunt hinc tibi, sunt et hinc amici –,
Unum, si superest, locum rogamus,
Nec me, quod tibi sim novus, recuses:
Omnes hoc veteres tui fuerunt.
Tu tantum inspice qui novus paratur
An possit fieri vetus sodalis.

Keine späten Trauben, an ihrem Weinstock geheget,
  Honigäpfel auch nicht, süß wie in Waben der Seim,
Keine Birnen, vom Wirt an zähen Ginster gehänget,
  Keine Granate, wie kaum offene Röslein gefärbt;
Auch kein Türmchen von süßem Käse hatte der Landmann,
  Der Pizener kein Faß fetter Oliven gesandt.
Nichts ward gebracht als ein Schwein; doch eins von den kleinsten –
                                              so winzig,
  Daß auch der winzigste Zwerg ohne Waffe es trifft.
Alle sahn wir es an und bekamen alle so wenig
  Wie von dem wilden Schwein, das wir im Zirkus sehn.
Nach so schnödem Betragen setze dir niemand ein Schwein vor,
  Sondern dich einem Schwein wie jenen Lump Charidem!

Dasselbe Gewerbe

Früher ein Arzt, ist jetzt Diaulus ein Leichenbestatter;
  Leichenbestatter wie jetzt war er auch früher als Arzt.

Neue und alte Freunde

Kannst du, mein Fuskus, nur noch einen Platz
Für einen Freund vergeben (denn du hast
Gewiß der Freunde viel und überall),
So gönne mir den unbesetzten Platz.
Verwirf mich nicht, weil ich noch neu dir bin;
Neu war dir einst ein jeder alte Freund.
Erwäge dies nur: ob der neue Freund,
Den du noch wählst, ein alter werden kann.

I. 56

Continuis vexata madet vindemia nimbis:
  Non potes, ut cupias, vendere, copo, merum.

I. 62

Casta nec antiquis cedens Laevina Sabinis
  Et quamvis tetrico tristior ipsa viro
Dum modo Lucrino, modo se permittit Averno,
  Et dum Baianis saepe fovetur aquis,
Incidit in flammas: iuvenemque secuta relicto
  Coniuge Penelope venit, abît Helene.

I. 71

Laevia sex cyathis, septem Iustina bibatur,
  Quinque Lycas, Lyde quattuor, Ida tribus.
Omnis ab infuso numeretur amica Falerno,
  Et quia nulla venit, tu mihi, Somne, veni.

I. 72

Nostris versibus esse te poetam,
Fidentine, putas cupisque credi?
Sic dentata sibi videtur Aegle
Emptis ossibus Indicoque cornu;

Hilfe von oben

Bei der Traubenlese
Regnet's in die Bütten
Tag und Nacht hinein.
Wirt, beim besten Willen
Könntest du verschenken
Keinen reinen Wein.

Auf die Badereisen der keuschen Lucida

Lucida glich den alten Sabinerinnen an Keuschheit,
    Übertraf noch an Ernst ihren unfreundlichen Mann.
Doch indem sie sich bald im Lukriner See, bald im Avernus,
    Bald im bajischen Quell badete, fühlte sie Glut,
Floh den Ehegemahl und folgte dem jungen Verführer.
    Eine Penelope kam, Helena reiste davon.

Schlechter Ersatz

Laevia trink ich zum Wohl sechs Kellen und sieben Justina,
    Lycas fünf, dazu vier Lyde, und Ida drei.
Jeder Freundin gelte ein Glas vom Weine Falernums,
    Und weil keine heut' kommt, komme denn du, o Schlaf!

An einen Plagiator

Wie, Fidentin, du denkst, weil du mich auszuschreiben
Verstehst, auf diesen Schlag noch ein Poet zu bleiben?
So bildet Ägle, die den Mund voll Elfenbein
Sich kauft, auf ihre Reih von Zähnen sich was ein;

Sic quae nigrior est cadente moro,
Cerussata sibi placet Lycoris.
Hac et tu ratione qua poeta es,
Calvus cum fueris, eris comatus.

I. 73

Nullus in urbe fuit tota qui tangere vellet
  Uxorem gratis, Caeciliane, tuam,
Dum licuit: sed nunc positis custodibus ingens
  Turba fututorum est: ingeniosus homo es.

I. 81

A servo scis te genitum blandeque fateris,
  Cum dicis dominum, Sosibiane, patrem.

I. 83

Os et labra tibi lingit, Manneia, catellus:
  Non miror, merdas si libet esse cani.

I. 84

Uxorem habendam non putat Quirinalis,
Cum velit habere filios, et invenit

So prahlet Appula, die sich mit Bleiweiß schminket
Und sonst der Maulbeer gleicht, die schwarz vom Baume sinket.
So wie du jetzt dich dünkst in der Poeten Zahl,
So trägst du langes Haar und warst noch gestern kahl.

Ein Schlauer

Kein Mensch, so leicht es war, berührte deine Frau.
Doch seit – Gott weiß warum – seit du mit Sultansstrenge
Sie eingekerkert hältst, gibt's süßer Herrn die Menge
Um sie, auf, neben ihr. In Wahrheit, du bist schlau!

An den Doktor Sp . . .

Dein Söhnchen läßt dich nie den Namen Vater hören:
Herr Doktor ruft es dich. Ich dankte dieser Ehren! –
Die Mutter wollt' es wohl so früh nicht lügen lehren?

An die Dorilis

Dein Hündchen, Dorilis, ist zärtlich, tändelnd, rein:
Daß du es also leckst, soll das mich wundern? Nein!
Allein dein Hündchen lecket dich:
Und dieses wundert mich.

Ein wahrer Hausvater

Gern hätte Quirinalis Söhne; heiraten
Hält aber Quirinalis nicht für zuträglich.

Quo possit istud more: futuit ancillas
Domumque et agros implet equitibus vernis.
Pater familiae verus est Quirinalis.

I. 91

Cum tua non edas, carpis mea carmina, Laeli.
    Carpere vel noli nostra vel ede tua.

I. 100

Mammas atque tatas habet Afra, sed ipsa tatarum
    Dici et mammarum maxima mamma potest.

I. 102

Qui pinxit Venerem tuam, Lycori,
Blanditus, puto, pictor est Minervae.

I. 107

Saepe mihi dicis, Luci carissime Iuli,
    „Scribe aliquid magnum: desidiosus homo es."
Otia da nobis, sed qualia fecerat olim
    Maecenas Flacco Vergilioque suo:
Condere victuras temptem per saecula curas
    Et nomen flammis eripuisse meum.
In steriles nolunt campos iuga ferre iuvenci:
    Pingue solum lassat, sed iuvat ipse labor.

Er sinnt ein Mittel aus: beschläft die Dienstmägde
Und füllt mit Ackerrittern Haus und Vorwerke.
Ist Quirinalis nicht ein wahrer Hausvater?

Ehrlicher Handel

Während du nie ein Gedicht herausgibst, tadelst du meine.
Willst du sie tadeln, so gib, Lälius, deine heraus!

Das große Baby

Afra sagt noch „Mama" und „Papa"; doch könnte sie selber
Aller Mamas und Papas Obermamachen schon sein.

Das häßliche Venus-Bild

Ein Schmeichler war der Mann, der deine Venus malte,
Den wohl Minerva gar für dies Porträt bezahlte.

Nutzen eines Mäzens

Oft ermahnst du mich, Lucius: „Weg mit den kleinen Gedichten!
    Schreib doch, fauler Valer, endlich ein größeres Werk!"
Könntest du Muße mir schaffen – doch Muße wie weiland Mäzenas
    Seinem Flakkus verlieh, seinem Vergilius gab –
Würd' ich Werke versuchen, die manches Jahrhundert durchlebten,
    Und die Erinn'rung an mich jähem Vergessen entziehn.
Ungern pflügt der Stier in unfruchtbaren Gefilden;
    Fetter Boden macht müd, aber man pflügt ihn mit Lust.

Issa est passere nequior Catulli,
Issa est purior osculo columbae,
Issa est blandior omnibus puellis,
Issa est carior Indicis lapillis,
Issa est deliciae catella Publi.
Hanc tu, si queritur, loqui putabis;
Sentit tristitiamque gaudiumque.
Collo nixa cubat capitque somnos,
Ut suspiria nulla sentiantur;
Et desiderio coacta ventris
Gutta pallia non fefellit ulla,
Sed blando pede suscitat toroque
Deponi monet et rogat levari.
Castae tantus inest pudor catellae,
Ignorat Venerem; nec invenimus
Dignum tam tenera virum puella.
Hanc ne lux rapiat suprema totam,
Picta Publius exprimit tabella,
In qua tam similem videbis Issam,
Ut sit tam similis sibi nec ipsa.
Issam denique pone cum tabella:
Aut utramque putabis esse veram,
Aut utramque putabis esse pictam.

Scribere me quereris, Velox, epigrammata longa.
  Ipse nihil scribis: tu breviora facis.

Das Hündchen Issa

Issa, schelmischer als Katullus' Sperling,
Issa, rein wie der Kuß der Turteltaube,
Issa, schmeichelnder als ein junges Mädchen,
Issa, köstlicher als des Ganges Perle,
Issa, Publius' kleines Lieblingshündchen,
Scheint zu reden, sobald ihr Stimmchen laut wird,
Merket Leiden und Freuden ihres Herren,
Liegt auf Schulter und Hals ihm, wenn sie schlummert,
Läßt kein Seufzerchen hören, wenn sie schlummert.
Hat sie nötig, ihr Bäuchelchen zu leeren,
So befleckt ihm kein Tröpfchen nur das Nachtkleid;
Leise weckt sie ihn auf mit sanftem Füßchen,
Bittet, daß er vom Bett sie niedersetze.
Und wie schamhaft ist unsre keusche Hündin!
Liebe ist ihr noch unbekannt: Für dieses
Zarte Jüngferchen ist kein Mann geschaffen.
Daß der Tod sie nicht gänzlich ihm entreiße,
Läßt sich Publius ihr Porträtchen malen.
Auf dem Bilde ist Issa so getroffen,
Daß sie ähnlicher nicht sich selber sein kann.
Wenn du neben die Tafel Issa hinstellst,
Siehst du jede von ihnen für die wahre
Oder jede von ihnen für gemalt an.

Die kürzeren Epigramme

Meiner Epigramme Länge schilt der hurtige Philint.
Er schreibt nichts; ich muß gestehen, daß die seinen kürzer sind.

Occurris quotiens, Luperce, nobis,
„Vis mittam puerum" subinde dicis,
„Cui tradas epigrammaton libellum,
Lectum quem tibi protinus remittam?"
Non est quod puerum, Luperce, vexes.
Longum est, si velit ad Pirum venire,
Et scalis habito tribus, sed altis.
Quod quaeris propius petas licebit.
Argi nempe soles subire letum:
Contra Caesaris est forum taberna
Scriptis postibus hinc et inde totis,
Omnis ut cito perlegas poetas.
Illinc me pete. Nec roges Atrectum
– Hoc nomen dominus gerit tabernae –:
De primo dabit alterove nido
Rasum pumice purpuraque cultum
Denaris tibi quinque Martialem.
„Tanti non es" ais? Sapis, Luperce.

Cui legisse satis non est epigrammata centum,
Nil illi satis est, Caediciane, mali.

Ne valeam, si non totis, Deciane, diebus
Et tecum totis noctibus esse velim.

Der Autor an seinen „guten Freund"

Immer wenn du mich triffst, Luperkus, sagst du
Gleich: „Es ist dir doch recht, wenn ich den Sklaven
Schicke? Gib ihm dein Büchlein Epigramme;
Nach dem Lesen sofort bekommst du's wieder." –
Sinnlos, daß du den Sklaven jagst, Luperkus!
Meine Wohnung am „Birnbaum" liegt weit draußen,
Ferner wohn' ich drei Treppen hoch – und steile!
Nein, du findest das Buch in deiner Nähe:
Öfter gehst du doch durch das Argiletum;
Hier liegt jenseits von Cäsars Platz ein Laden,
Aushängschilder sind überall am Tore,
Wo du alle Poeten schnell kannst finden.
Dort verlangst du dann mich und fragst Atrektus
Gar nicht weiter (so heißt der Buchverkäufer):
Aus dem ersten Regale oder zweiten
Bringt er dir einen feingebimsten, purpur-
Schmucken Band Martial für fünf Denare. –
„Gar nicht teuer," bemerkst du? – Recht, Luperkus!

Beweis für einen guten Magen

Wer nicht genug an hundert Epigrammen hat,
Cädician, der wird des Schlechten nimmer satt.

Entschuldigung wegen unterlassenen Besuchs

So wahr ich lebe, Freund, ich wollte ganze Tage
Und ganze Nächte bei dir sein,

Sed duo sunt quae nos disiungunt milia passum:
    Quattuor haec fiunt, cum rediturus eam.
Saepe domi non es, cum sis quoque, saepe negaris:
    Vel tantum causis vel tibi saepe vacas.
Te tamen ut videam, duo milia non piget ire:
    Ut te non videam, quattuor ire piget.

II. 7

Declamas belle, causas agis, Attice, belle,
    Historias bellas, carmina bella facis,
Componis belle mimos, epigrammata belle,
    Bellus grammaticus, bellus es astrologus,
Et belle cantas et saltas, Attice, belle,
    Bellus es arte lyrae, bellus es arte pilae.
Nil bene cum facias, facias tamen omnia belle,
    Vis dicam quid sis? magnus es ardalio.

Um mich mit dir die ganzen Tage,
Die ganzen Nächte zu erfreun.
Doch tausend Schritte sind's, die unsre Wohnung trennen,
Und hundert wohl noch obendrein.
Und wollt' ich sie auch gern, die tausend Schritte, rennen,
Und jene hundert obendrein,
So weiß ich doch, daß ich am Ende
Des langen Wegs dich zwanzigmal nicht fände.
Denn öfters bist du nicht zu Hause,
Und manchmal bist du's nicht für mich,
Wenn nach dem langen Zirkelschmause
Der kleinste Gast dir hinderlich.
Ich wollte, wie gesagt, gern tausend Schritte rennen,
Dich, liebster Freund, dich sehn zu können:
Doch, allzu weiter Freund, dich nicht zu sehn,
Verdreußt mich's, einen nur zu gehn.

Der schöne Attikus

Glorreicher Attikus! Das muß der Neid gestehn,
Du deklamierest schön, Prozesse führst du schön,
Schön schreibst du Verse, schön erzählest du Geschichtchen,
Machst schöne Mimenspiele, schöne Sinngedichtchen;
Du bist – wer leugnet es? – der schönste Kritikus,
Du bist der Astrologen schönster, Attikus!
Du kannst gar schön den Ball, gar schön die Laute schlagen;
Du singest schön, du tanzest schön. Was soll ich sagen
Von dir, der du nichts gut machst, aber alles schön?
Im Nichtstun hab ich keinen fleißiger gesehn.

Si qua videbuntur chartis tibi, lector, in istis
  Sive obscura nimis sive latina parum,
Non meus est error: nocuit librarius illis,
  Dum properat versus adnumerare tibi.
Quod si non illum, sed me peccasse putabis,
  Tunc ego te credam cordis habere nihil.
„Ista tamen mala sunt." Quasi nos manifesta negemus:
  Haec mala sunt, sed tu non meliora facis.

II. 9

  Scripsi, rescripsit nil Naevia, non dabit ergo.
    Sed puto quod scripsi legerat: ergo dabit.

II. 11

  Quod fronte Selium nubila vides, Rufe,
  Quod ambulator porticum terit seram,
  Lugubre quiddam quod tacet piger voltus,
  Quod paene terram nasus indecens tangit,
  Quod dextra pectus pulsat et comam vellit:
  Non ille amici fata luget aut fratris,
  Uterque natus vivit et precor vivat,
  Salva est et uxor sarcinaeque servique,

An den Leser

Leser, wenn dir vielleicht auf diesen Seiten gar manches
  Nicht lateinisch genug oder zu dunkel erscheint,
Ist die Schuld dran nicht mein: Der Schreiber hat es versehen,
  Hat die Verse dir rechtzeitig zu liefern geeilt.
Solltest du meinen, nicht dieser, ich selber hätte gefehlt,
  Glauben müßt' ich sodann, daß an Verstand es dir fehlt. –
„Und sie sind dennoch schlecht!" – Wer leugnet, was allen bekannt
                                            ist?
  Ja, sie sind schlecht; aber du machst sie nicht besser, mein Freund!

Einverstanden

Ich schrieb, Nävia schrieb nichts wieder; also sie will nicht.
  Aber ich glaube, sie las, was ich geschrieben: Sie will.

Das größte Unglück

Sieh, Freund, den Selius! Mit trübem Blicke,
Mit tief herabgesenktem Haupte trabt er
Im Portikus so spät noch auf und nieder
Und stößt mit seiner ungeheuren Nase
Fast auf den Boden, schlägt jetzt mit der Rechten
Sich vor die Brust und rauft sich jetzt die Haare.
Was für ein Leid denn frißt er schweigend in sich?
Nicht eines Freundes Tod, nicht eines Bruders
Beugt ihn so tief; ihm leben beide Söhne
(Der Himmel lasse sie noch lange leben!);
Wohl steht es um sein Weib und seine Sklaven;
Wohl steht es um sein Haus und seinen Hausrat;

Nihil colonus vilicusque decoxit.
Maeroris igitur causa quae? Domi cenat.

II. 12

Esse quid hoc dicam, quod olent tua basia murram
 Quodque tibi est numquam non alienus odor?
Hoc mihi suspectum est, quod oles bene, Postume, semper:
 Postume, non bene olet qui bene semper olet.

II. 13

Et iudex petit et petit patronus.
Solvas censeo, Sexte, creditori.

II. 20

Carmina Paulus emit, recitat sua carmina Paulus.
 Nam quod emas, possis iure vocare tuum.

II. 21

Basia das aliis, aliis das, Postume, dextram.
 Dicis „Utrum mavis? elige." Malo manum.

II. 25

Das numquam, semper promittis, Galla, roganti.
 Si semper fallis, iam rogo, Galla: nega.

Nichts hat sein Pächter, nichts hat sein Verwalter
Ihm durchgebracht. Woher denn dieser Kummer? –
Der arme Mann, ach, muß zu Hause speisen!

Begründeter Verdacht

Wie erklär' ich es mir, daß stets nach Myrrhe dein Kuß riecht
   Und daß ein fremder Geruch nimmer dir, Postumus, fehlt?
Ja, es erregt mir Verdacht, daß stets du, Postumus, gut riechst:
   Gut riecht keiner, wenn er, Postumus, immer gut riecht.

Guter Rat

Geld verlangt der Verteidiger, Geld der Richter.
Zahle lieber dem Gläubiger, armer Sextus!

Unbestreitbar

Paulus kauft sich Gedichte und liest sie vor als die seinen.
   Was man sich nämlich kauft, nennt man das Seine mit Recht.

An den Herrn von Dampf

Dem hast du nur die Hand und dem den Kuß beschieden.
Ich, gnädger Herr von Dampf, bin mit der Hand zufrieden.

Andere Taktik

Nie gewährst du dich mir; stets, wenn ich dich bitte, versprichst du.
   Täuschest du, Galla, mich stets, bitt' ich nun: Schlage mir ab!

Lis mihi cum Balbo est, tu Balbum offendere non vis,
  Pontice: cum Licino est, hic quoque magnus homo est.
Vexat saepe meum Patrobas confinis agellum,
  Contra libertum Caesaris ire times.
Abnegat et retinet nostrum Laronia servum,
  Respondes „Orba est, dives, anus, vidua."
Non bene, crede mihi, servo servitur amico:
  Sit liber, dominus qui volet esse meus.

II. 35

Cum sint crura tibi similent quae cornua lunae,
  In rhytio poteras, Phoebe, lavare pedes.

II. 38

Quid mihi reddat ager quaeris, Line, Nomentanus?
  Hoc mihi reddit ager: te, Line, non video.

II. 41

„Ride si sapis, o puella, ride"
Paelignus, puto, dixerat poeta.
Sed non dixerat omnibus puellis.
Verum ut dixerit omnibus puellis,
Non dixit tibi: tu puella non es,
Et tres sunt tibi, Maximina, dentes,

Der ungeeignete Gönner

Mit Paulen hab' ich Streit – den willst du nicht erbittern;
Auch mit Pantilen – groß dünkt dich sogar Pantil.
Und Struma pflügt mein Feld mir ab. Du sprichst: Mit Rittern
Läßt man nicht gern sich ein; er gilt bei Hofe viel.
Mein Knecht wird mir zurückbehalten von Nerinen –
Nerin' ist Witwe, reich, alt, ohne Kind. – Reptill,
Mein Gönner, lebe wohl! Nicht Sklaven mag ich dienen:
Frei muß der Stolze sein, der mir gebieten will.

Einem Krummbeinigen

Da dir, Phöbus, die Beine gekrümmt wie die Hörner des Monds
                                                 sind,
  Stecke ins Trinkhorn zum Bad deine Füße hinein!

Nutzen eines fernen Gartens

   A.: Was nutzt dir nun dein ferner Garten, he?
   B.: Daß ich dich dort nicht seh'!

Guter Rat

„Lache, bist du gescheit, o Mädchen, lache!"
Sagt Ovid, der Päligner Dichter, glaub' ich;
Doch er sagte das nicht zu allen Mädchen.
Aber hätt' er's gesagt zu allen Mädchen –
Dir gewiß nicht: Du bist ja gar kein Mädchen,
Und drei Zähne nur hast du, Maximina,

Sed plane piceique buxeique.
Quare si speculo mihique credis,
Debes non aliter timere risum,
Quam ventum Spanius manumque Priscus,
Quam cretata timet Fabulla nimbum,
Cerussata timet Sabella solem.
Voltus indue tu magis severos,
Quam coniunx Priami nurusque maior.
Mimos ridiculi Philistionis
Et convivia nequiora vita
Et quidquid lepida procacitate
Laxat perspicuo labella risu.
Te maestae decet adsidere matri
Lugentive virum piumve fratrem,
Et tantum tragicis vacare Musis.
At tu iudicium secuta nostrum
Plora, si sapis, o puella, plora.

II. 44

Emi seu puerum togamve pexam
Seu tres, ut puta, quattuorve libras,
Sextus protinus ille fenerator,
Quem nostis veterem meum sodalem,
Ne quid forte petam timet cavetque,
Et secum, sed ut audiam, susurrat:
„Septem milia debeo Secundo,
Phoebo quattuor, undecim Phileto,
Et quadrans mihi nullus est in arca.“

Aber völlig wie Pech und schwarz wie Buchsbaum.
Also, wenn du mir glaubst und deinem Spiegel,
Mußt nicht weniger du das Lachen fürchten
Als ein Kahlkopf den Wind, ein Geck die Fäuste,
Als Fabulla, gepudert, Regen fürchtet,
Als die Sonne Sabella, die geschminkte.
Nimm ernsthaftere Mienen an als Priams
Ehegattin und ältre Schwiegertochter!
Mimenspiele Philistions zum Lachen
Und zu lustige Gastgelage meide
Und was irgend durch lose Neckereien
Sichtbar unseren Mund zum Lachen öffnet!
Du mußt bei der betrübten Mutter sitzen,
Bei der trauernden Gattin oder Schwester
Und nur tragischen Künsten deine Zeit weihn.
Aber wenn du nach meinem Rat dich richtest –
Weine, bist du gescheit, o Mädchen, weine!

Nach Wuchererart

Ist es ein Knabe, ist's ein neuer Rock,
Ist es ein winzig silbernes Besteck,
Das mir zu kaufen just sich beut:
Gleich bangt der Sext, der ekle Wuchrerdreck,
Daß ich von ihm was borgen will, bewahr!
Und spricht zu sich, doch so, daß ich es hör':
„Dem Hinz schuld ich Zehntausend, fast so viel
Dem Heinz, dem Peter acht, dem Kunz noch mehr –
Ich komm', beileib, bald an den Bettelstab!"

O grande ingenium mei sodalis!
Durum est, Sexte, negare, cum rogaris,
Quanto durius, antequam rogeris!

II. 53

Vis fieri liber? mentiris, Maxime, non vis:
   Sed fieri si vis, hac ratione potes.
Liber eris, cenare foris si, Maxime, nolis,
   Veientana tuam si domat uva sitim,
Si ridere potes miseri chrysendeta Cinnae,
   Contentus nostra si potes esse toga,
Si plebeia Venus gemino tibi vincitur asse,
   Si tua non rectus tecta subire potes.
Haec tibi si vis est, si mentis tanta potestas,
   Liberior Partho vivere rege potes.

II. 55

Vis te, Sexte, coli: volebam amare.
Parendum est tibi: quod iubes, coleris:
Sed si te colo, Sexte, non amabo.

II. 56

Gentibus in Libycis uxor tua, Galle, male audit
   Immodicae foedo crimine avaritiae.

Und er gibt vor, mir gar ein Freund zu sein!
Verneinen, wenn man bittet, macht ihm Pein;
Wie hart erst muß sie, eh' man bittet, sein!

Freiheit

Die Freiheit ist dein Wunsch? – Kaum trau' ich dem Entschluß!
So lerne denn von mir, wie man sie suchen muß.
Lachst du, wenn Cinna sich bei seinen Fürstenschmäusen
Mit goldnen Schüsseln bläht? Kannst du zu Hause speisen,
Willst niemals andrer Gast und Tischgefangner sein?
Befriedigt deinen Durst ein Glas Vejenter Wein?
Kann dir ein einfach Tuch wie mir zur Kleidung dienen?
Genügt dir schon die Liebe billiger Nerinen?
Stellt dein beredtes Gold nie den Matronen nach?
Beherbergt ohne Neid dich auch ein niedres Dach? –
Freund, ist dein Wille stark, ist dir die Freiheit teuer:
So lebst du sonder Zwang, und kein Monarch lebt freier.

An einen Eitlen

Sextus, ich wollte dich lieben; doch, Sextus, du willst nur geehrt
                                                            sein.
  Gut! So sei denn geehrt, aber auch nimmer geliebt.

Verleumdung

Gallus, man sagt im libyschen Volk von deiner Gemahlin,
  Daß sie habsüchtig sei, ohne zu kennen ein Maß.

Sed mera narrantur mendacia: non solet illa
   Accipere omnino. Quid solet ergo? Dare.

II. 58

Pexatus pulchre rides mea, Zoile, trita.
   Sunt haec trita quidem, Zoile, sed mea sunt.

II. 63

Sola tibi fuerant sestertia, Miliche, centum,
   Quae tulit e sacra Leda redempta via.
Miliche, luxuria est, si tanti dives amares.
   „Non amo" iam dices: haec quoque luxuria est.

II. 67

Occurris quocumque loco mihi, Postume, clamas
   Protinus et prima est haec tua vox „Quid agis?"
Hoc, si me decies una conveneris hora,
   Dicis: habes puto tu, Postume, nil quod agas.

II. 71

Candidius nihil est te, Caeciliane. Notavi:
   Si quando ex nostris disticha pauca lego,
Protinus aut Marsi recitas aut scripta Catulli.
   Hoc mihi das, tamquam deteriora legas,
Ut conlata magis placeant mea? Credimus istud:
   Malo tamen recites, Caeciliane, tua.

Aber das sind nur Lügengeschichten: Gerade zu nehmen
   Liegt ihr ganz fern. Was denn, sage mir? Gallus, sie gibt!

Entschiedener Vorteil

Meine zerschlissne verlachst du mit deiner geschniegelten Toga,
   Zoilus. Doch sie gehört, Zoilus, wenigstens mir.

Auf Hirpins Verschwendung

Du besaßest zu eigen nur hundert Sesterzen und zahltest
   Auf dem Sklavenmarkt für die Lycisca sie hin.
Auch wenn man reich ist, Hirpin, ist es üppig, so teuer zu lieben. –
   „Aber ich liebe ja nicht.“ – Das ist noch üppiger, Freund!

Rückschluß

Überall, wo du mir nur begegnest, Postumus, fragst du
   Stets, und dein erstes Wort ist es: „Was arbeitest du?“
Triffst du mich zehnmal auch in einer Stunde, so fragst du.
   Du hast, wie es mir scheint, Postumus, gar nichts zu tun.

Ein Vorschlag

Niemand ist wahrer als du, mein Cäcilianus. Ich weiß es!
   Les' ich einmal von mir einige Distichen vor,
Sagst du sogleich ein Gedicht von Katull her oder von Marsus.
   Trägst du als schwächeres Werk mir zu Gefallen sie vor,
Daß die meinigen so beim Vergleich gewinnen? Ich glaub' es!
   Doch lies, Cäcilian, lieber die deinigen vor!

Hostem cum fugeret, se Fannius ipse peremit.
Hic, rogo, non furor est, ne moriare, mori?

Abscisa servom quid figis, Pontice, lingua?
Nescis tu populum, quod tacet ille, loqui?

Dicis amore tui bellas ardere puellas,
Qui faciem sub aqua, Sexte, natantis habes.

Quintiliane, vagae moderator summe iuventae,
Gloria Romanae, Quintiliane, togae,
Vivere quod propero pauper nec inutilis annis,
Da veniam: properat vivere nemo satis.
Differat hoc, patrios optat qui vincere census
Atriaque inmodicis artat imaginibus.
Me focus et nigros non indignantia fumos
Tecta iuvant et fons vivos et herba rudis.
Sit mihi verna satur, sit non doctissima coniunx,
Sit nox cum somno, sit sine lite dies.

Auf einen Selbstmörder

Im Fliehen vor dem Feind entleibt sich Marcian.
Wie rasend toll! Um nicht zu sterben, stirbt der Mann.

Unnütze Grausamkeit

Weshalb schlägst du den Sklaven ans Kreuz mit verstümmelter
Zunge?
Pontikus, spricht denn das Volk nicht, was der Arme verschweigt?

Der Aufschneider

Reizende Mädchen glühen für dich in Liebe, so sagst du,
Sextus, und hast das Gesicht dessen, der quaket im Sumpf.

Genügsamkeit

Quintilianus, du trefflicher Meister der lockeren Jugend,
Quintilianus, du Zier unseres Römergewands!
Nimm es nicht übel, daß ich in Armut das Leben genieße
Und daß ich nutze die Zeit: Niemand genießt es genug.
Wer seine Güter vermehren will, mag die Genüsse verschieben,
Auch wer sein Haus durch zu viel Ahnenbilder beengt.
Mir ist ein Herd und ein Dach genug, das dem Rauche sich öffnet,
Ein lebendiger Quell, Blumen, die überall blühn.
Satt soll mein Sklave sich essen, natürlich soll meine Frau sein,
Schlafen möcht' ich des Nachts, keine Prozesse bei Tag.

III. 8

„Thaïda Quintus amat." Quam Thaïda?„ Thaïda luscam."
Unum oculum Thaïs non habet, ille duos.

III. 9

Versiculos in me narratur scribere Cinna.
Non scribit, cuius carmina nemo legit.

III. 10

Constituit, Philomuse, pater tibi milia bina
Menstrua perque omnis praestitit illa dies,
Luxuriam premeret cum crastina semper egestas
Et vitiis essent danda diurna tuis.
Idem te moriens heredem ex asse reliquit.
Exheredavit te, Philomuse, pater.

III. 12

Unguentem, fateor, bonum dedisti
Convivis here, sed nihil scidisti.
Res salsa est bene olere et esurire.
Qui non cenat et unguitur, Fabulle,
Hic vere mihi mortuus videtur.

III. 13

Dum non vis pisces, dum non vis carpere pullos
Et plus quam patri, Naevia, parcis apro,

Auf den Sextus

Die, der ein Auge fehlt, die will sich Sextus wählen?
Ein Auge fehlet ihr, ihm müssen beide fehlen.

An den Kauz

Wer sagt, daß Meister Kauz Satiren auf mich schreibt?
Wer nennt geschrieben das, was ungelesen bleibt?

Enterbung

Monatlich hat, Philomusus, für dich zweitausend der Vater
    Ausgesetzt und sogleich auf alle Tage verteilt,
Daß die morgende Not dein heutiges Schwelgen beschränke
    Und für die Laster du nur habest das tägliche Geld.
Als er nun starb, hat er dich als einzigen Erben genommen:
    Mein Philomusus, damit hat dich dein Vater enterbt.

Die Leichenzeche

Du salbst die Gäste gut, doch schenkst du wenig ein;
Die Bissen, die du schneidst, sind alle dünn und klein.
Du sorgst für den Geruch, Fabull, nicht für den Magen;
Der Hunger lässet sich durch Salbe nicht verjagen.
Und wer gesalbet wird und speiset nicht dabei,
Der kommt mir vor, als ob er schon gestorben sei.

Mittel wider die Unverdaulichkeit

Das Reh zerlegst du nicht, die Barbe nicht, Neäre,
Und schonst das wilde Schwein, als ob's dein Vater wäre,

Accusas rumpisque cocum, tamquam omnia cruda
Attulerit. Numquam sic ego crudus ero.

III. 15

Plus credit nemo tota quam Cordus in urbe.
„Cum sit tam pauper, quomodo?" Caecus amat.

III. 18

Perfrixisse tuas questa est praefatio fauces.
Cum te excusaris, Maxime, quid recitas?

III. 26

Praedia solus habes et solus, Candide, nummos,
Aurea solus habes, murrina solus habes,
Massica solus habes et Opimi Caecuba solus,
Et cor solus habes, solus et ingenium.
Omnia solus habes – hoc me puta velle negare! –
Uxorem sed habes, Candide, cum populo.

III. 30

Sportula nulla datur; gratis conviva recumbis:
Dic mihi, quid Romae, Gargiliane, facis?
Unde tibi togula est et fuscae pensio cellae?
Unde datur quadrans? unde vir es Chiones?

Schimpfst auf den Koch und klagst, daß seine Kocherei
Nichts taug' und roh das Fleisch und unverdaulich sei.
Von Unverdaulichkeit bleib' ich bei dir wohl frei!

Roms größter Gläubiger

Wie mich dünket, so ist Roms größter Gläubiger Cordus.
  „Er, der so arm ist? Wieso?" Er ist blind und verliebt.

Unbegreiflich

Daß du erkältet bist, beklagst du zu Anfang des Vortrags.
  Da dich's entschuldigt, warum, Maximus, liest du dann vor?

Gemeingut

Du, Candide, hast Land allein, allein auch Geld,
Allein Gold und allein Geschirr, das man hoch hält,
Allein Wein von Falern, allein Wein von Fundan,
Allein ein kluges Herz, allein nur Witz und Wahn.
Du – ich vernein' es nicht – hast alles ganz allein;
Nur daß du deine Frau mit andern hast gemein.

Ein sinnloses Dasein

Gelder verteilt man nicht mehr; fürs Essen bekommst du nichts
                                        wieder:
  Sage mir, was du in Rom, Gargilianus, beginnst.
Woher die Toga, woher die Miete der düsteren Kammer
  Und der Groschen fürs Bad und der Chione Gunst?

Cum ratione licet dicas te vivere summa,
Quod vivis, nulla cum ratione facis.

III. 32

Non possum vetulam. Quereris, Matrinia? possum
Et vetulam, sed tu mortua, non vetula es.
Possum Hecubam, possum Niobam, Matrinia, sed si
Nondum erit illa canis, nondum erit illa lapis.

III. 35

Artis Phidiacae toreuma clarum
Pisces aspicis: adde aquam, natabunt.

III. 37

Irasci tantum felices nostis amici.
Non belle facitis, sed iuvat hoc: facite.

III. 38

Quae te causa trahit vel quae fiducia Romam,
Sexte? quid aut speras aut petis inde? refer.
„Causas" inquis „agam Cicerone disertior ipso
Atque erit in triplici par mihi nemo foro."
Egit Atestinus causas et Civis – utrumque
Noras –; sed neutri pensio tota fuit.

Wenn du mir nun auch sagst, daß höchst vernünftig du lebest –
Daß du noch lebst, darin seh' ich nur keine Vernunft.

Liebe in Grenzen

Ob ich zu lieben vermag auch eine Alte, so fragst du:
Das kann ich auch, wenn sie nicht Leichen nur sind so wie du.
Hekuba kann ich umarmen, ich kann auch Niobe lieben,
Aber bevor sie zu Stein wurde, die andre zum Hund.

Naturgetreu

Siehe Phidias' herrlich Werk, die Fische:
Gieße Wasser darüber, und sie schwimmen.

Laßt euch nicht stören!

Ihr reichen Leut' versteht es nur,
Uns zornentbrannt zu rügen.
Das ist gewiß nicht gut getan,
Doch macht es euch Vergnügen.
Laßt euch nicht stören!

Schlechte Aussichten

Sextus, was für ein Grund, für Vertrauen zieht dich nach Rom hin?
Sage heraus, was hoffst oder erwartest du dort?
„Meisterlich will ich Prozesse wie selbst nicht Cicero führen",
Sprichst du, „gewiß auf den drei Foren ist keiner mir gleich."
Auch Atestinus und Civis haben Prozesse geführet
(Beide kennst du); doch bracht's keinem die Miete fürs Jahr.

„Si nihil hinc veniet, pangentur carmina nobis:
   Audieris, dices esse Maronis opus."
Insanis: omnes gelidis quicumque lacernis
   Sunt ibi, Nasones Vergiliosque vides.
„Atria magna colam." Vix tres aut quattuor ista
   Res aluit, pallet cetera turba fame.
„Quid faciam? suade: nam certum et vivere Romae."
   Si bonus es, casu vivere, Sexte, potes.

III. 41 (40)

Mutua quod nobis ter quinquagena dedisti
   Ex opibus tantis, quas gravis arca premit,
Esse tibi magnus, Telesine, videris amicus.
   Tu magnus, quod das? immo ego, quod recipis.

III. 42

Lomento rugas uteri quod condere temptas,
   Polla, tibi ventrem, non mihi labra linis.
Simpliciter pateat vitium fortasse pusillum:
   Quod tegitur, magnum creditur esse malum.

III. 43

Mentiris iuvenem tinctis, Laetine, capillis,
   Tam subito corvus, qui modo cycnus eras.

„Wenn ich dort nichts verdiene, so will ich Gedichte verfassen,
  Die du für Maros Werk, wenn du sie hörtest, erklärtst."
Armer Irrer! Die dort in zerschlissenen Umhängen frieren –
  Jeglicher ist ein Ovid, jeglicher ist ein Vergil.
„Reiche Patrone will ich besuchen!" Kaum drei bis viere
  Nährt das Geschäft, und es bleicht Hunger die übrige Schar.
„Rate, was soll ich tun? Denn in Rom zu bleiben beschloß ich."
  Sextus, ein Zufall ist's, wenn du es redlich kannst.

An einen reichen Filz

Aus deiner Kiste, schwer von Golde, Telesin,
Hast du mir jüngst ein kleines Kapital geliehn
Und bildest dir nun ein,
Mein großer Freund zu sein.
Du wärst mein großer Freund, weil du das Geld mir liehst?
Nein, Telesin! Wie mir es scheint,
Bin ich vielmehr dein großer Freund,
Weil du die Summe wieder ziehst.

Verdeckte Fehler

Wenn du die Falten des Bauchs durch Teig dich bemühst zu verbergen,
  Schmierst du mir nicht den Mund, Polla, wenn dir auch den Leib.
Offen lasse sich sehn ein vielleicht nur winziger Fehler;
  Schäden, die man verdeckt, scheinen uns größer zu sein.

Der eitle Alte

Lentin, du machst dich jung und streichst das Haar dir an;
Ein Rabe bist du jetzt, zuvor warst du ein Schwan.

Non omnes fallis; scit te Proserpina canum:
Personam capiti detrahet illa tuo.

III. 44

Occurrit tibi nemo quod libenter,
Quod, quacumque venis, fuga est et ingens
Circa te, Ligurine, solitudo,
Quid sit, scire cupis? Nimis poeta es.
Hoc valde vitium periculosum est.
Non tigris catulis citata raptis,
Non dipsas medio perusta sole,
Nec sic scorpios inprobus timetur.
Nam tantos, rogo, quis ferat labores?
Et stanti legis et legis sedenti,
Currenti legis et legis cacanti.
In thermas fugio: sonas ad aurem.
Piscinam peto: non licet natare.
Ad cenam propero: tenes euntem.
Ad cenam venio: fugas sedentem.
Lassus dormio: suscitas iacentem.
Vis, quantum facias mali, videre?
Vir iustus, probus, innocens timeris.

III. 51

Cum faciem laudo, cum miror crura manusque,
  Dicere, Galla, soles „Nuda placebo magis,“
Et semper vitas communia balnea nobis.
  Numquid, Galla, times, ne tibi non placeam?

Nicht alle machst du blind! Der Tod weiß deine Jahre:
Bald naht er sich und zieht die Larve dir vom Haare.

Furor poeticus

Du wunderst dich, mein guter Ligurin,
Warum dir niemand gern begegnen mag,
Warum, wohin du kommst, ein jeder flieht
Und alles um dich her Einöde wird.
Vernimm es jetzt! – Du bist zu sehr Poet.
Dies ist ein Übel, ärger als die Pest.
Den Tiger nicht, dem man die Jungen raubt,
Nicht Otternbiß, nicht Skorpionenstich
Scheut man so sehr als diese Raserei.
Du liesest, wenn ich stehe, liesest mir,
Solang ich sitze, liesest mir sogar
In vollem Laufe deine Verse vor.
Ich flieh' ins Bad – du tönst das Ohr mir voll;
Zum Fischteich – ohne daß ich schwimmen darf.
Ich will zur Mahlzeit gehn – du hältst mich auf:
Ich esse schon – du jagst vom Tisch mich fort;
Ermüdet schlaf' ich ein – du weckst mich auf.
Sieh, für wie schädlich man dich hält! Du bist
Fromm, ehrlich, bieder – und man fürchtet dich.

Gallas Befürchtungen

Wenn ich dein Antlitz lobe und Beine und Hände bewundre,
    Galla, so sagst du mir wohl: „Besser gefiel' ich dir nackt!"
Dennoch vermeidest du stets ein Bad in meiner Gesellschaft.
    Fürchtest du, Galla, daß ich dir nicht gefalle, vielleicht?

III. 53

Et voltu poteram tuo carere
Et collo manibusque cruribusque
Et mammis natibusque clunibusque,
Et, ne singula persequi laborem,
Tota te poteram, Chloe, carere.

III. 54

Cum dare non possim quod poscis, Galla, rogantem,
Multo simplicius, Galla, negare potes.

III. 55

Quod quacumque venis, Cosmum migrare putamus
Et fluere excusso cinnama fusa vitro,
Nolo peregrinis placeas tibi, Gellia, nugis.
Scis, puto, posse meum sic bene olere canem.

III. 57

Callidus inposuit nuper mihi copo Ravennae:
Cum peterem mixtum, vendidit ille merum.

III. 59

Sutor Cerdo dedit tibi, culta Bononia, munus,
Fullo dedit Mutinae: nunc ubi copo dabit?

III. 61

Esse nihil dicis quidquid petis, inprobe Cinna:
Si nil, Cinna, petis, nil tibi, Cinna, nego.

Entbehrlich

Dein Gesicht könnt' ich wohl zur Not entbehren,
Auch den Hals und die Arme und die Beine,
Auch den Busen, den Hintern und die Schenkel,
Und um nicht im Detail mich zu verlieren –
Chloe, ganz könnt' ich dich zur Not entbehren!

Das Näherliegende

Galla, ich kann dein Verlangen auf meine Bitten nicht stillen.
Galla, du kannst also viel einfacher sagen: Nein.

Auf die wohlriechende Gellia

Kommst du, so scheint der Salbenkrämer Kosmus zu kommen
Und ein zerbrechliches Glas Zimtöl verschüttet zu sein.
Fremder, köstlicher Tand, o Gellia, macht dich nicht reizend.
Will ich es haben, so riecht ebenso köstlich mein Hund.

Betrug in Ravenna

In Ravenna betrog mich jüngst ein geriebener Gastwirt:
Als um gemischten ich bat, gab er mir lauteren Wein.

Die Neureichen

Schönes Bologna, es hat dir der Schuster Neureich ein Schauspiel,
Dir eins ein Walker bezahlt, Modena. Wem nun ein Wirt?

Klare Logik

Frecher Cinna, das nennst du nichts, worum du mich bittest?
Bittest du, Cinna, um nichts, lehne ich, Cinna, nichts ab.

Cessatis, pueri, nihilque nostis,
Vaterno Rasinaque pigriores,
Quorum per vada tarda navigantes
Lentos tinguitis ad celeuma remos.
Iam prono Phaethonte sudat Aethon
Exarsitque dies, et hora lassos
Interiungit equos meridiana.
At vos tam placidas vagi per undas
Tuta luditis otium carina.
Non nautas puto vos, sed Argonautas.

Huc est usque tibi scriptus, matrona, libellus.
   Cui sint scripta, rogas, interiora? mihi.
Gymnasium, thermae, stadium est hac parte: recede.
   Exuimur: nudos parce videre viros.
Hinc iam deposito post vina rosasque pudore,
   Quid dicat, nescit saucia Terpsichore:
Schemate nec dubio, sed aperte nominat illam,
   Quam recipit sexto mense superba Venus,
Custodem medio statuit quam vilicus horto,
   Opposita spectat quam proba virgo manu.
Si bene te novi, longum iam lassa libellum
   Ponebas, totum nunc studiosa leges.

Mittagshitze

Träumend laßt ihr die Ruder gleiten,
Säumiger seid ihr als die Gewässer,
Die ihr durchkreuzt über trägen Furten;
Mühsam taucht ihr im Takt die Riemen.

Phaëton neigt sich schon, seine Rosse
Dampfen, es glühet der Tag, und des Mittags
Stunde entspannt die ermüdeten Tiere.

Ihr aber gleitet sanft durch die Wellen.
Tändelt müßig im sichern Boote.
Ruderer kann ich euch nimmer nennen –
Faule Ruderer, Argonauten!

Verbotene Lektüre

Dir ist, züchtige Frau, dies Buch gewidmet bis hierher.
  Wem ich den inneren Teil widmete, fragst du mich? Mir!
Rennbahn findest du hier, Gymnasien, Thermen: Entfliehe!
  Wir entkleiden uns ganz: Meide den nackenden Mann!
Wenn sich die Scham beim Gelage nach Wein und Rosen entfernt hat,
  Weiß Terpsichore nicht, was sie im Rausche verrät:
Ohne ein Blatt vor dem Mund, ganz offen nennt sie beim Namen,
  Was im Monat Juni prangend die Venus empfängt,
Was der Landmann im Garten aufstellt als Wächter der Früchte,
  Was, vorhaltend die Hand, züchtig die Mädchen beschaun. –
Kenn' ich dich richtig, so hattest du, schrecklich gelangweilt, das
                                        Büchlein
  Fortgelegt, aber jetzt liest du es eifriger durch.

III. 70

Moechus es Aufidiae, qui vir, Scaevine, fuisti;
  Rivalis fuerat qui tuus, ille vir est.
Cur aliena placet tibi, quae tua non placet, uxor?
  Numquid securus non potes arrigere?

III. 79

Rem peragit nullam Sertorius, inchoat omnes.
  Hunc ego, cum futuit, non puto perficere.

III. 89

Utere lactucis et mollibus utere malvis:
  Nam faciem durum, Phoebe, cacantis habes.

III. 90

Volt, non volt dare Galla mihi, nec dicere possum,
  Quod volt et non volt, quid sibi Galla velit.

III. 94

Esse negas coctum leporem poscisque flagella.
  Mavis, Rufe, cocum scindere, quam leporem.

III. 100

Cursorem sexta tibi, Rufe, remisimus hora,
  Carmina quem madidum nostra tulisse reor:
Imbribus inmodicis caelum nam forte ruebat.
  Non aliter mitti debuit iste liber.

Seltsame Verwicklung

Früher Aufidias Mann, bist jetzt, Scävin, du ihr Buhle;
  Der dein Rivale sonst war, ist nun ihr Ehegemahl.
Warum liebst du als Fremde, die als dein Weib du nicht liebtest?
  Reizet bei sichrem Besitz etwa dich nicht ihr Genuß?

Auf den Rufinus

Rufinus endet nichts, er fängt nur alles an.
  Ob alles? Lesbia, sprich doch, du kennst den Mann!

Gesichtsdiagnose

Phöbus, iß nur Salat und nimm abführende Malven:
  Denn du hast ein Gesicht, grade als wärst du verstopft.

Die Sphinx

Galla will und will auch wiederum nicht, ich weiß drum
  Nicht, da sie will und nicht will, was sie nun eigentlich will.

Verfehlte Rache

Die Peitsche her! schreit Mops, roh ist der Hase noch!
  Zerfleischen will er nicht den Hasen – nur den Koch.

Ein gütiger Regen

Rufus, ich sandte dir in der sechsten Stunde den Läufer,
  Der, wie ich glaube, durchnäßt meine Gedichte gebracht;
Denn es entströmte just ein gewaltiger Regen dem Himmel.
  Besser hätt' ich das Buch dir nicht schicken gekonnt.

Quod siccae redolet palus lacunae,
Crudarum nebulae quod Albularum,
Piscinae vetus aura quod marinae,
Quod pressa piger hircus in capella,
Lassi vardaicus quod evocati,
Quod bis murice vellus inquinatum,
Quod ieiunia sabbatariarum,
Maestorum quod anhelitus reorum,
Quod spurcae moriens lucerna Ledae,
Quod ceromata faece de Sabina,
Quod volpis fuga, viperae cubile,
Mallem quam quod oles olere, Bassa.

IV. 8

Prima salutantes atque altera conterit hora,
    Exercet raucos tertia causidicos,
In quintam varios extendit Roma labores,
    Sexta quies lassis, septima finis erit,
Sufficit in nonam nitidis octava palaestris,
    Imperat extructos frangere nona toros:
Hora libellorum decuma est, Eupheme, meorum,
    Temperat ambrosias cum tua cura dapes
Et bonus aetherio laxatur nectare Caesar
    Ingentique tenet pocula parca manu.
Tunc admitte iocos: gressu timet ire licenti
    Ad matutinum nostra Thalia Iovem.

Bassas Parfüm

Wie des trockenen Sumpfes Pfützen riechen,
Wie der Albula Schwefeldüfte morgens
Oder Seewasser, das verfault im Fischteich,
Wie der Bock, an die Ziege träg sich klemmend,
Wie der Stiefel des müden, alten Kriegsmanns,
Wie die doppelt getränkte Purpurwolle,
Wie der nüchterne Mund der Judenweiber,
Wie der Atem betrübter Angeklagter,
Wie, verlöschend, der geilen Leda Lampe,
Wie die Salbe aus schlechtem, ranz'gem Öle,
Wie der fliehende Fuchs, der Schlange Lager –
All das ziehe ich deinem Duft vor, Bassa!

Über die bequemste Stunde, dem Kaiser Gedichte
vorzulesen

In der ersten und zweiten Stunde begrüßt man die Gönner,
    Hört in der dritten darauf Anwälte heiser sich schrein;
Bis in die fünfte vollbringt Rom mannigfache Geschäfte,
    Ruht in der sechsten sich aus, bis sich die siebente neigt;
Zwischen der achten und neunten üben die glänzenden Ringer,
    Und die neunte ruft: Hurtig die Polster gedrückt!
Dann, Euphemus, erscheint für unser Büchlein die zehnte,
    Jene, worin du sorgst für ein ambrosisches Mahl,
Wo der ätherische Nektar den großen Cäsar erheitert
    Und die gewaltige Hand mäßig den Becher ergreift.
Dann laß die Scherze sich nahn; zu schüchtern ist meine Thalia:
    Vor das Morgengesicht Jupiters wagt sie sich nicht.

Nulli, Thai, negas, sed si te non pudet istud,
  Hoc saltem pudeat, Thai, negare nihil.

Claudia, Rufe, meo nubit Peregrina Pudenti:
  Macte esto taedis, o Hymenaee, tuis.
Tam bene rara suo miscentur cinnama nardo,
  Massica Theseis tam bene vina favis;
Nec melius teneris iunguntur vitibus ulmi,
  Nec plus lotos aquas, litora myrtus amat.
Candida perpetuo reside, Concordia, lecto,
  Tamque pari semper sit Venus aequa iugo;
Diligat illa senem quondam, sed et ipsa marito
  Tum quoque, cum fuerit, non videatur anus.

Mille tibi nummos hesterna luce roganti
  In sex aut septem, Caeciliane, dies
„Non habeo" dixi: sed tu causatus amici
  Adventum lancem paucaque vasa rogas.
Stultus es? an stultum me credis, amice? negavi
  Mille tibi nummos, milia quinque dabo?

Dicit se vetulam, cum sit Caerellia pupa:
  Pupam se dicit Gellia, cum sit anus.

Grund zur Scham

Keinem versagtest du dich, doch schämst du dich dessen nicht, Thais;
    Schäm' dich zumindest darob, Thais, daß nichts du versagst!

Hochzeitswunsch

Claudia Peregrina, mein Rufus, vermählt sich mit Pudens.
    Schwinge fröhlich, o Gott Hymen, die Fackel dazu!
Besser verbindet sich seltener Zimt nicht mit Narden und besser
    Honig aus Attika nicht mit dem falernischen Most;
Mehr liebt nicht die Rebe den dicht umklammerten Ulmbaum,
    Mehr nicht der Lotos den See, mehr nicht die Myrte den Strand.
Ewig erwähle die Eintracht sich dieses Brautbett zum Throne;
    Auf ein so gleiches Paar neige sich Venus voll Huld!
Auch den Greis noch liebe die zärtliche Gattin; sie selber
    Scheine dem feurigen Mann auch noch im Alter nicht alt!

An den schlauen Cäcil

Als du die vorige Nacht um tausend Sesterzen auf sieben
    Tage mich batest, Cäcil, sprach ich: „Ich habe sie nicht."
Heute nun gibst du vor, es werde ein Freund dich besuchen,
    Forderst Schüsseln, dazu dieses und jenes Gefäß.
Mann, bist du närrisch? Oder hältst du mich selber für närrisch?
    Ich schlug tausend dir ab; werd' ich fünftausend dir leihn?

Verkehrte Welt

Backfisch Cärellia pflegt eine alte Vettel zu spielen;
    Dafür spielt Gellia gern Backfisch, das alte Gestell.

Ferre nec hanc possis, possis, Colline, nec illam:
Altera ridicula est, altera putidula.

IV. 21

Nullos esse deos, inane caelum
Adfirmat Segius: probatque, quod se
Factum, dum negat haec, videt beatum.

IV. 24

Omnes quas habuit, Fabiane, Lycoris amicas
Extulit: uxori fiat amica meae.

IV. 27

Saepe meos laudare soles, Auguste, libellos.
Invidus ecce negat: num minus ergo soles?
Quid, quod honorato non sola voce dedisti,
Non alius poterat quae dare dona mihi?
Ecce iterum nigros conrodit lividus ungues.
Da, Caesar, tanto tu magis, ut doleat.

IV. 32

Et latet et lucet Phaethontide condita gutta,
Ut videatur apis nectare clusa suo.
Dignum tantorum pretium tulit illa laborum:
Credibile est ipsam sic voluisse mori.

Unausstehlich ist die und unausstehlich die andre:
  Albern der Backfisch, Collin, ebenso eklig das Wrack.

Grund zum Zweifel

Keine Götter sind im Himmel,
Keine Gottheit hier auf Erden;
So glaubt Segius: Er sieht von
Tag zu Tag sich reicher werden.

Stoßseufzer

Sämtliche Freundinnen hat, Fabian, Lykoris bestattet:
  Möchte die Freundin sie doch meiner Gemahlin auch sein!

Bittschrift an den Kaiser Domitian

Oft, Augustus, pflegtest du meine Gedichtchen zu loben:
  Leugnet ein Neidischer das, lobst du sie darum nicht doch?
Ja, du belohntest mit Worten nicht nur den gepriesenen Dichter,
  Gabst auch Geschenke mir, wie sie kein anderer gibt.
Sieh, wie der Neidhart sich wieder die schwarzen Klauen zerbeißet!
  Soll es noch weher ihm tun, Cäsar, so gib mir noch mehr!

Auf eine Biene im Bernstein

Der Bernstein birgt und zeigt die Biene doch dabei:
Man glaubt, daß sie bedeckt von ihrem Honig sei.
Wo konnte sie sich wohl ein schöner Grab erwerben?
Vermutlich hat sie sich gewünschet, so zu sterben.

IV. 38

Galla, nega: satiatur amor, nisi gaudia torquent:
Sed noli nimium, Galla, negare diu.

IV. 41

Quid recitaturus circumdas vellera collo?
Conveniunt nostris auribus ista magis.

IV. 51

Cum tibi non essent sex milia, Caeciliane,
Ingenti late vectus es hexaphoro:
Postquam bis decies tribuit dea caeca sinumque
Ruperunt nummi, factus es, ecce, pedes.
Quid tibi pro meritis et tantis laudibus optem?
Di reddant sellam, Caeciliane, tibi.

IV. 54

O cui Tarpeias licuit contingere quercus
Et meritas prima cingere fronde comas,
Si sapis, utaris totis, Colline, diebus
Extremumque tibi semper adesse putes.
Lanificas nulli tres exorare puellas
Contigit: observant quem statuere diem.
Divitior Crispo, Thrasea constantior ipso
Lautior et nitido sis Meliore licet:
Nil adicit penso Lachesis fususque sororum
Explicat et semper de tribus una negat.

Mittelweg

Galla, verweigere dich! Ohne Qualen ermüdet die Liebe.
Aber verweigere dich, Galla, nur ja nicht zu lang!

An einen schlechten Vorleser

Was umgibst du beim Deklamieren den Hals dir mit Fellen?
Unsere Ohren, Adrast, brauchten weit eher ein Fell!

An den reich gewordenen Cäcilian

Als du noch nicht sechstausend Sesterzen besaßest, da trug man
    In der Sänfte, Cäcil, dich auf sechs Schultern umher;
Nun dir die blinde Göttin zwei Millionen beschert hat,
    Kaum die Barschaft dein Schoß fassen kann, gehst du zu Fuß.
Sage, was soll ich für so viel seltne Verdienste dir wünschen? –
    Götter, gebt ihm zurück einen gepolsterten Stuhl!

Weisheit des Genusses

O, mein Freund, dem ein Kranz von tarpejischer Eiche vergönnt war,
    Du, dem das junge Laub würdig bekränzte das Haar,
Nütze, wenn weise du bist, Kollinus, jeden der Tage;
    Halte dir immer vor, daß es der letzte wohl sei.
Keinem gelang es, die spinnenden Schwestern je zu erweichen:
    Sie versäumten den Tag, den sie bestimmten, noch nie.
Magst du reicher als Krispus und tapfrer als Thrasea werden,
    Und übertriff den Glanz Meliors selbst, wenn du kannst:
Nichts fügt Lachesis zu dem Gespinst, und die Spindeln der
                         Schwestern
    Dreht die letzte der drei immer und schneidet sie ab.

Flentibus Heliadum ramis dum vipera repit,
  Fluxit in obstantem sucina gutta feram:
Quae dum miratur pingui se rore teneri,
  Concreto riguit vincta repente gelu.
Ne tibi regali placeas, Cleopatra, sepulchro,
  Vipera si tumulo nobiliore iacet.

Iuli iugera pauca Martialis
Hortis Hesperidum beatiora
Longo Ianiculi iugo recumbunt:
Lati collibus eminent recessus,
Et planus modico tumore vertex
Caelo perfruitur sereniore
Et curvas nebula tegente valles
Solus luce nitet peculiari;
Puris leniter admoventur astris
Celsae culmina delicata villae.
Hinc septem dominos videre montis
Et totam licet aestimare Romam,
Albanos quoque Tusculosque colles
Et quodcumque iacet sub urbe frigus,
Fidenas veteres brevesque Rubras,
Et quod virgineo cruore gaudet
Annae pomiferum nemus Perennae.
Illinc Flaminiae Salariaeque
Gestator patet essedo tacente,

Auf eine Natter im Bernstein

Die Natter kreucht, wo fette Bäume stehn;
Das Bernsteinharz läßt sie nicht weiter gehn,
Zuletzt, vom zähen Harz umgeben,
Erstarrt sie und verliert das Leben.
Kleopatra, dein Grab war königlich;
Doch einer Natter Grab beschämet dich.

Die römische Villa

Meines Julius Martialis Gütlein,
Schöner noch als der Hesperiden Gärten,
Lehnt sich leicht an des Janusberges Rücken:
Nieder gehn von den Hügeln breite Schluchten,
Und der ebene, sanft geschwellte Gipfel
Kann sich reineren Sonnenlichts erfreuen,
Und wenn Nebel bedeckt die krummen Täler,
Strahlt er einzeln hervor im eignen Lichte.
Sanft erheben sich zu den klaren Sternen
Schön und freundlich der hohen Villa Giebel.
Hier erblickt man die sieben Herrscherhügel,
Hier liegt unten das ganze Rom zu Füßen
Und die Tuskuler und Albaner Berge
Und was nahe der Stadt im Schatten lieget;
Dort das alte Fidenä, Saxa Rubra
Und der Anna Perenna Hain, an Obst reich,
Wo zum Opfer die jungen Tiere bluten.
Auf Flaminius' Straße, auf dem Salzweg
Sieht man Leute im Wagen lautlos fahren,

Ne blando rota sit molesta somno,
Quem nec rumpere nauticum celeuma
Nec clamor valet helciariorum,
Cum sit tam prope Mulvius sacrumque
Lapsae per Tiberim volent carinae.
Hoc rus, seu potius domus vocanda est,
Commendat dominus: tuam putabis,
Tam non invida tamque liberalis,
Tam comi patet hospitalitate:
Credas Alcinoi pios Penates
Aut facti modo divitis Molorchi.
Vos nunc omnia parva qui putatis,
Centeno gelidum ligone Tibur
Vel Praeneste domate pendulamque
Uni dedite Setiam colono,
Dum me iudice praeferantur istis
Iuli iugera pauca Martialis.

IV. 65

Oculo Philaenis semper altero plorat.
Quo fiat istud quaeritis modo? lusca est.

IV. 69

Tu Setina quidem semper vel Massica ponis,
Papyle, sed rumor tam bona vina negat:

Daß die Räder den sanften Schlaf nicht stören.
Ihn vermögen auch nicht der Schiffer Rufe,
Nicht der Lastzieher Schreie dir zu rauben,
Ist die Mulvische Brück' auch nah und fliegen
Durch den heiligen Tiber auch die Boote.
Dieses Gut – oder besser nennt man's Villa –
Überläßt dir sein Herr, als wär's dein eigen;
Immer freigebig, stets gemütlich steht es
Mit der freundlichsten Gastlichkeit dir offen.
Für des frommen Alkinous Penaten
Hältst du's oder Molorchs, des jüngst beschenkten. –
Aber ihr, denen nichts auf Erden recht ist,
Pflügt das eisige Tibur um mit hundert
Karsten oder Pränest, und einen Landmann
Lasset Setias Abhang gern bebauen!
Nur bekennet mit mir: Es hat den Vorzug
Meines Julius Martialis Gütlein!

Einfach

Mit einem einz'gen Auge weint Philänis immer.
Ihr fragt, wie das wohl kommt? Sie hat ihr andres nimmer.

An einen Giftmischer

Stets gibst du massischen und andern edlen Wein;
Doch soll er, wie man sagt, nichts nütze sein.
Du sollst durch deinen edlen Wein
Zum Witwer viermal schon geworden sein.
Zwar glaub' ich eben nicht,
Pamphil, was das Gerücht

Diceris hac factus caelebs quater esse lagona.
  Nec puto nec credo, Papyle, nec sitio.

IV. 71

Quaero diu totam, Safroni Rufe, per urbem,
  Si qua puella neget: nulla puella negat.
Tamquam fas non sit, tamquam sit turpe negare,
  Tamquam non liceat: nulla puella negat.
Casta igitur nulla est? sunt castae mille: quid ergo
  Casta facit? non dat, non tamen illa negat.

IV. 72

Exigis, ut donem nostros tibi, Quinte, libellos.
  Non habeo, sed habet bibliopola Tryphon.
„Aes dabo pro nugis et emam tua carmina sanus?
  Non“ inquis „faciam tam fatue.“ Nec ego.

IV. 76

Milia misisti mihi sex bis sena petenti:
  Ut bis sena feram, bis duodena petam.

IV. 77

Numquam divitias deos rogavi
Contentus modicis meoque laetus:
Paupertas, veniam dabis, recede.
Causast quae subiti novique voti?
Pendentem volo Zoilum videre.

Von deinen Weinen spricht;
Allein, es dürstet mich auch nicht.

Von den Sitten der römischen Mädchen

„Schlägt denn keins von den Mädchen was ab?" so frag' ich die ganze
    Stadt durch, mein Rufus. – „Es schlägt keins von den Mädchen
                            was ab!
Gleich als wäre es unrecht und schändlich und strengstens verboten
    Abzuschlagen, so schlägt keins von den Mädchen was ab." –
„Ist denn keine keusch?" – „Wohl tausend!" – „Was tut denn die
                             Keusche?" –
„Ei, sie gibt sich zwar nicht, aber sie schlägt auch nicht ab."

Auf Gegenseitigkeit

Quintus, du wünschst dir sehr, meine Bücher geschenkt zu bekommen;
    Ich besitze sie nicht, sondern das Büchergeschäft.
„Geldausgaben für solchen Unsinn wie deine Gedichte?
    Hältst du mich denn für verrückt?" fragst du entsetzt. – Und
                           du mich?

Zwei Vorsichtige

Statt zwölftausend, um die ich dich ansprach, schicktest du sechs mir:
    Vierundzwanzig hinfort heisch' ich, um zwölf zu empfahn.

Auf den neidischen Zoilus

Nie erbat ich vom Himmel Reichtum; mäßig
War mein Erbteil und ich zufriednen Herzens.
Doch jetzt, Armut, verlaß mich! Nimm's nicht übel! –
Und woher ein so schneller Wunsch? – Ich möchte
Gern den Zoilus sich erhenken sehen.

Epigramma nostrum cum Fabulla legisset,
Negare nullam quo queror puellarum,
Semel rogata bisque terque neglexit
Preces amantis. Iam, Fabulla, promitte:
Negare iussi, pernegare non iussi.

Securo nihil est te, Naevole, peius: eodem
   Sollicito nihil est, Naevole, te melius.
Securus nullum resalutas, despicis omnes,
   Nec quisquam liber nec tibi natus homo est:
Sollicitus donas, dominum regemque salutas,
   Invitas. Esto, Naevole, sollicitus.

Infantem secum semper tua Bassa, Fabulle,
   Conlocat et lusus deliciasque vocat,
Et, quo mireris magis, infantaria non est.
   Ergo quid in causa est? Pedere Bassa solet.

  Ohe, iam satis est, ohe, libelle,
  Iam pervenimus usque ad umbilicos.
  Tu procedere adhuc et ire quaeris,
  Nec summa potes in schida teneri,
  Sic tamquam tibi res peracta non sit,
  Quae prima quoque pagina peracta est.

Unterschied

Paula lieset mein Sinngedicht, worin ich
Klage, daß nicht ein einzig Mädchen nein sagt:
Und nun will sie den Freund nicht mehr erhören,
Der zwei-, dreimal sie fleht. – Erhör' ihn, Paula!
Nein zu sagen befahl ich, nicht zu halten.

An Nävolus, der nur im Unglück sympathisch ist

Du taugst nichts, wenn es gut um deine Sachen steht;
Hingegen bist du gut, wenn es dir übel geht.
Geht es dir wohl, so dankst du keinem, der dich grüßt,
Verachtest jedermann. Wenn du im Unglück bist,
So stellt die Höflichkeit sich wieder bei dir ein.
Wohlan denn, Nävolus, du sollst unglücklich sein!

Ablenkungsmanöver

Deine Bassa, Fabull, hat stets ein Kind zur Gesellschaft
Um sich und nennt ihren Schatz, nennt ihren Liebling es gern.
Das ist wirklich recht seltsam; sie ist keine Freundin von Kindern. –
Weshalb tut sie es denn? – Weil sie gewöhnlich furzt.

Ermahnung an sein Buch

Halt, o Büchelchen, halt! Es ist genug jetzt!
Wir sind fertig, gerollt und schön geglättet.
Du strebst immer noch weiter, willst durch unser
Letztes Blatt dich noch nicht beschränken lassen;
Recht als wäre dein Amt noch nicht zu Ende,
Das zu Ende war auf der ersten Seite.

Iam lector queriturque deficitque,
Iam librarius hoc et ipse dicit
„Ohe, iam satis est, ohe, libelle.“

V. 4

Fetere multo Myrtale solet vino,
Sed fallat ut nos, folia devorat lauri
Merumque cauta fronde, non aqua miscet.
Hanc tu rubentem prominentibus venis
Quotiens venire, Paule, videris contra,
Dicas licebit „Myrtale bibit laurum.“

V. 9

Languebam: sed tu comitatus protinus ad me
  Venisti centum, Symmache, discipulis.
Centum me tetigere manus aquilone gelatae:
  Non habui febrem, Symmache, nunc habeo.

V. 10

„Esse quid hoc dicam, vivis quod fama negatur
  Et sua quod rarus tempora lector amat?“
Hi sunt invidiae nimirum, Regule, mores,
  Praeferat antiquos semper ut illa novis.
Sic veterum ingrati Pompei quaerimus umbram,
  Sic laudant Catuli vilia templa senes;
Ennius est lectus salvo tibi, Roma, Marone,
  Et sua riserunt saecula Maeoniden,
Rara coronato plausere theatra Menandro,
  Norat Nasonem sola Corinna suum.

Sieh, der Leser beklagt sich und ermüdet.
Ja, der Schreiber sogar bemerkt dasselbe:
„Halt, o Büchelchen, halt! Es ist genug jetzt!"

Von der Weinsäuferin Mysis

Von vielem Wein, so sagen alle, stinkt Mysis;
Doch Lorbeerblätter, uns zu täuschen, frißt Mysis.
Gesichert durch des gottgeweihten Baums Zweige,
Vermischt sie nie den Wein mit Wasser. Kommt Mysis
Mit angeschwollnen Adern, im Gesicht blutrot,
So sprecht: „Sie war begeistert von Apolls Lorbeer."

Auf den Arzt Roderich

Mir war nicht wohl; sogleich besuchst du mich
Mit deinen hundert Schülern, Roderich!
Und hundert Hände, kalt wie Eis, betasten mich.
Das Fieber hatt' ich nicht; jetzt hab' ich's, Roderich!

Ruhm ist Nachruhm

Du willst wissen, warum man den Ruhm den Lebenden weigert,
    Und am Geist seiner Zeit selten ein Leser sich freut?
Wundre dich, Regulus, nicht, es liegt im Wesen des Neides,
    Daß er das Ältere stets über das Neuere stellt.
Unzufrieden sucht man den alten Gang des Pompejus,
    Ärmliche Tempel von einst lobt noch heute der Greis.
Ennius las man in Rom noch, als du schon dichtetest, Maro,
    Dein Jahrhundert hat dich, großer Homerus, verlacht.
Selten hat dir die Bühne geklatscht, gekrönter Menander;
    Ihres Ovids Verdienst war nur Korinnen bekannt.

Vos tamen o nostri ne festinate libelli:
Si post fata venit gloria, non propero.

V. 12

Quod nutantia fronte perticata
Gestat pondera Masclion superbus,
Aut grandis Ninus omnibus lacertis
Septem quod pueros levat vel octo,
Res non difficilis mihi videtur,
Uno cum digito vel hoc vel illo
Portet Stella meus decem puellas.

V. 13

Sum, fateor, semperque fui, Callistrate, pauper,
 Sed non obscurus nec male notus eques,
Sed toto legor orbe frequens et dicitur „Hic est",
 Quodque cinis paucis, hoc mihi vita dedit.
At tua centenis incumbunt tecta columnis
 Et libertinas arca flagellat opes,
Magnaque Niliacae servit tibi glaeba Syenes,
 Tondet et innumeros Gallica Parma greges.
Hoc ego tuque sumus: sed quod sum, non potes esse:
 Tu quod es, e populo quilibet esse potest.

V. 17

Dum proavos atavosque refers et nomina magna,
 Dum tibi noster eques sordida condicio est,
Dum te posse negas nisi lato, Gellia, clavo
 Nubere, nupsisti, Gellia, cistibero.

Ihr, meine Bücher, jedoch, ihr braucht euch nicht zu beeilen:
Wenn nach dem Tod mir der Ruhm folget, so laß ich mir Zeit.

Rekord

Wenn Masklion sich was drauf tut,
Daß er die Stange auf der Stirne balanciert,
Und wenn ein dicker Muskelprotz
Wie Ninus sieben oder acht Halbstarke stemmt –
So ist mir das ein rechter Schmarrn.
Mein Freund, der Stella, bringt an jedem Finger dir
Zehn Mädels.

Unterschied

Für arm, Kallistratus, muß ich mich zwar bekennen;
Doch niedrig bin ich nicht, ich kann mich edel nennen.
Auch liest mich alle Welt und sagt: „Der ist es hier!"
Was sonst der Tod nur gibt, gibt schon das Leben mir.
Du hast ein Haus, um welches hundert Säulen stehen;
Was du erscharrt, will nicht mehr in den Kasten gehen.
Ja, deine Güter liegen fern am Nilusstrand,
Die Schafe schiert man dir im Parmesanerland.
So sind wir beide. Was ich bin, kannst du nicht werden;
Zu sein, was du bist, taugt der dümmste Mensch auf Erden.

Die Anspruchsvolle

Du protztest stets, du wärst so hoch geboren;
Ein Ritter wär' dir viel zu feil, zu klein;
Du wolltest einen von den Senatoren
Und ließest dich am End von einem Trödler frein.

Si tecum mihi, care Martialis,
Securis liceat frui diebus,
Si disponere tempus otiosum
Et verae pariter vacare vitae:
Nec nos atria, nec domos potentum,
Nec litis tetricas forumque triste
Nossemus, nec imagines superbas;
Sed gestatio, fabulae, libelli,
Campus, porticus, umbra, virgo, thermae,
Haec essent loca semper, hi labores.
Nunc vivit necuter sibi, bonosque
Soles effugere atque abire sentit,
Qui nobis pereunt et inputantur.
Quisquam vivere cum sciat, moratur?

Ut bene loquatur sentiatque Mamercus,
Efficere nullis, Aule, moribus possis:
Pietate fratres Curvios licet vincas,
Quiete Nervas, comitate Rusones,
Probitate Macros, aequitate Mauricos,
Oratione Regulos, iocis Paulos:
Robiginosis cuncta dentibus rodit.

An Julius Martialis über das wahre Leben

Wenn ich mit dir, mein teurer Martialis,
Mich sorgenloser Tage freuen dürfte,
Mit meiner Muße nach Gefallen schalten,
Mit dir das wahre Leben leben könnte:
Wir wollten nichts von Sälen und Palästen
Der Großen, nichts von ihrem Ahnenstolze,
Nichts von verdrießlichen Prozessen wissen.
Wir wollten plaudern, lesen, uns im Grünen
Ergehen, bald in saatenreichen Feldern,
Bald im Gewölbe schattenreicher Bäume;
Bei hübschen Mädchen bald und bald in Bädern
Sollt' unser Aufenthalt und Zeitvertreib sein. —
Nun lebt, o Jammer, keiner von uns beiden
Sich selbst, bemerket nicht, wie schnell sie fliehen,
Die schönen Tage, die, wenn auch verloren,
Auf unsrer Rechnung stehn. Wer säumte aber
Zu leben, wenn er weiß, was leben heißet!

Ein armer Narr

Daß Mamerk dich leiden mag,
Wird dir nie und nimmer glücken:
Sei die Sanftmut in Person,
Sei die Bruderliebe selber,
Sei gerecht, aufrichtig, freundlich,
Rede wie ein Gott, sei witzig —
Er wird wie ein Nagetier
Dir kein gutes Härchen lassen.

Hominem malignum forsan esse tu credas:
Ego esse miserum credo, cui placet nemo.

V. 37

Puella senibus dulcior mihi cycnis,
Agna Galaesi mollior Phalantini,
Concha Lucrini delicatior stagni,
Cui nec lapillos praeferas Erythraeos,
Nec modo politum pecudis Indicae dentem
Nivesque primas liliumque non tactum;
Quae crine vicit Baetici gregis vellus
Rhenique nodos aureamque nitelam;
Fragravit ore, quod rosarium Paesti,
Quod Atticarum prima mella cerarum,
Quod sucinorum rapta de manu glaeba;
Cui conparatus indecens erat pavo,
Inamabilis sciurus et frequens phoenix:
Adhuc recenti tepet Erotion busto,
Quam pessimorum lex amara fatorum
Sexta peregit hieme, nec tamen tota,
Nostros amores gaudiumque lususque –
Et esse tristem me meus vetat Paetus,
Pectusque pulsans pariter et comam vellens:
„Deflere non te vernulae pudet mortem?
Ego coniugem" inquit „extuli, et tamen vivo,
Notam, superbam, nobilem, locupletem."

Boshaft meinst du, sei der Kerl?
Nein, wem niemand mag gefallen,
Ist für mich ein armer Narr.

Zwei Trauerfälle

Ach, ein Mädchen, des Stimme dem singenden Schwan gleicht;
Zarter als am phalantischen Flusse Galäsus ein Lämmchen,
Reizender als am Lukriner See die glänzende Muschel,
Der die köstlichsten Edelsteine der Erde nicht gleich sind
Noch der geglättete Zahn des Elefanten vom Indus,
Frisch gefallener Schnee nicht noch der Lilien Unschuld;
Deren Haare das Vlies der Herden am Bätis beschämte
Und die blonden Locken vom Rhein, die mit Goldstaub bestreut sind,
Deren Atem an Duft den Rosengärten in Pästum
Und dem lautern Wachse des ersten hymettischen Honigs
Und dem geriebenen Agtstein glich, der dem Meere geraubt wird;
Gegen die der prächtige Pfau im Garten nicht schön war,
Und das Eichhörnchen nicht mehr artig, der Phönix nicht selten –
Ach, Erotion liegt in Asche, noch warm ist ihr Holzstoß;
Sie, die der harte Schluß des unersättlichen Schicksals
Tötete, da sie noch nicht den sechsten Winter vollendet;
Sie, mein Zeitvertreib, mein Spiel, mein einziger Liebling! –
Und mein Pätus verbietet mir dennoch die Trauer; er sagt mir:
„Du, der du so die Brust dir zerschlägst, die Haare dir ausraufst,
Schämst du dich nicht, des Sklaventöchterchens Tod zu beweinen?
Ich begrub ein Weib von angeborenem Adel
Und von stattlichem Ansehn und Reichtum – und lebe noch immer.‟

Quid esse nostro fortius potest Paeto?
Ducentiens accepit, et tamen vivit.

V. 42

Callidus effracta nummos fur auferet arca,
    Prosternet patrios impia flamma lares:
Debitor usuram pariter sortemque negabit,
    Non reddet sterilis semina iacta seges:
Dispensatorem fallax spoliabit amica,
    Mercibus extructas obruet unda rates.
Extra fortunam est, quidquid donatur amicis:
    Quas dederis, solas semper habebis opes.

V. 43

Thais habet nigros, niveos Laecania dentes.
    Quae ratio est? Emptos haec habet, illa suos.

V. 47

Numquam se cenasse domi Philo iurat, et hoc est:
    Non cenat, quotiens nemo vocavit eum.

V. 49

Vidissem modo forte cum sedentem
Solum te, Labiene, tres putavi.
Calvae me numerus tuae fefellit:
Sunt illinc tibi, sunt et hinc capilli,

* 84 *

Wer gleicht unserem Pätus an Mut und Stärke des Herzens?
Zwanzig Millionen Sesterzen erhielt er – und lebet noch immer!

Freundschaftliche Geschenke

Ein Dieb kann dir das Geld aus deinem Kasten bringen;
Ein schnelles Feuer kann dir Haus und Hof verschlingen;
Ein böser Schuldner stiehlt dir Hauptgut und Gewinn;
Ein Mißwachs führet dir des Ackers Hoffnung hin;
Der Amtmann kann dein Gut mit Huren leicht verprassen,
Ein Sturmwind War' und Schiff im Meer versinken lassen:
Was man den Freunden gibt, kann frei von Unglück sein,
Und was du weggeschenkt, das bleibet dir allein.

Unterschied

Schwarze Zähn' hat Ida, weiße Zähn' Elmire;
Diese hat gekaufte, jene hat noch ihre.

Lieber hungern!

Zu Hause eß ich nie, spricht Philo. Philo spricht
Ganz recht; denn wenn kein Mensch ihn einlädt, ißt er nicht.

Die Glatze

Als ich zufällig dich allein vor kurzem
Sitzen sah, Labienus, dünkten's drei mich.
Täuschen mußte mich deiner Glatzen Anzahl:
Hier und dort um das Haupt verteilt stehn Büschel,

Quales vel puerum decere possunt;
Nudumst in medio caput, nec ullus
In longa pilus area notatur.
Hic error tibi profuit Decembri,
Tum, cum prandia misit Imperator:
Cum panariolis tribus redisti.
Talem Geryonem fuisse credo.
Vites, censeo, porticum Philippi:
Si te viderit Hercules, peristi.

V. 52

Quae mihi praestiteris memini semperque tenebo.
 Cur igitur taceo, Postume? Tu loqueris.
Incipio quotiens alicui tua dona referre,
 Protinus exclamat „Dixerat ipse mihi.“
Non belle quaedam faciunt duo: sufficit unus
 Huic operi: si vis, ut loquar, ipse tace.
Crede mihi, quamvis ingentia, Postume, dona
 Auctoris pereunt garrulitate sui.

V. 54

Extemporalis factus est meus rhetor:
Calpurnium non scripsit, et salutavit.

V. 57

Cum voco te dominum, noli tibi, Cinna, placere:
 Saepe etiam servum sic resaluto tuum.

Wie sie auch einen Knaben zieren könnten.
Nackt ist mitten das Haupt, und nicht ein Haar ist
Auf der mächtigen Platte zu bemerken.
Nützlich war im Dezember dir der Irrtum,
Als der Kaiser das Morgenbrot uns schickte:
Damals kamst du zurück mit dreien Körben.
So sah Geryon aus, der Dreikopf-Riese.
Meide also Philippus' Säulenhalle:
Sieht dich Herkules, ist's um dich geschehen.

Entwertete Geschenke

Was du mir Gutes getan, ich werd' es dir nimmer vergessen.
  Weshalb schweig' ich denn? Du, Postumus, redest davon.
Wenn ich beginne, was du mir geschenkt hast, einem zu sagen,
  Schreit er sofort: „Er selbst hat es mir längst schon erzählt."
Manches verrichten zwei Menschen nicht schön: Für dieses Ge-
                                                    schäft ist
  Einer genug; soll i c h reden, so schweige du selbst!
Glaube mir, Postumus: Sind auch noch so groß die Geschenke,
  Durch seine Schwatzhaftigkeit macht sie der Geber zunicht.

Von einem vergeßlichen Redner

Seht doch! Mein Redner extemporiert: Kalpurnius' Namen
  Schrieb er sich gar nicht auf – dennoch begrüßte er ihn.

Kein Grund zum Stolz

Wenn ich dich Herr genannt, so sei nicht stolz darauf!
Oft rief ich deinem Knecht: „Herr Davus, komm herauf!"

V. 58

Cras te victurum, cras dicis, Postume, semper.
    Dic mihi, cras istud, Postume, quando venit?
Quam longe cras istud, ubi est? aut unde petendum?
    Numquid apud Parthos Armeniosque latet?
Iam cras istud habet Priami vel Nestoris annos.
    Cras istud quanti, dic mihi, possit emi?
Cras vives? hodie iam vivere, Postume, serum est:
    Ille sapit, quisquis, Postume, vixit heri.

V. 60

Adlatres licet usque nos et usque
Et gannitibus inprobis lacessas,
Certum est hanc tibi pernegare famam,
Olim quam petis, in meis libellis
Qualiscumque legaris ut per orbem.
Nam te cur aliquis sciat fuisse?
Ignotus pereas, miser, necesse est.
Non deerunt tamen hac in urbe forsan
Unus vel duo tresve quattuorve,
Pellem rodere qui velint caninam:
Nos hac a scabie tenemus ungues.

V. 64

Sextantes, Calliste, duos infunde Falerni,
    Tu super aestivas, Alcime, solve nives,
Pinguescat nimio madidus mihi crinis amomo
    Lassenturque rosis tempora sutilibus.

Morgen, morgen

Morgen willst du zu leben beginnen, Postumus, morgen!
  Sage mir, Postumus, wann kommt denn das Morgen einmal?
Wie weit ist's bis zum Morgen? Wo ist es? Von wo zu bekommen?
  Birgt's bei den Parthern vielleicht und den Armeniern sich?
Priamus' Jahre bereits und Nestors zählt dieses Morgen.
  Sage mir, für wieviel kann man das Morgen erstehn?
Morgen willst du's; es ist zu spät schon, heute zu leben:
  Der nur, Postumus, ist weise, der gestern gelebt.

Fluch des Dichters

Wenn auch immer und immer du mich anbellst
Und mich reizest durch unverschämtes Kläffen,
Werd' ich sicher dir stets den Ruhm versagen,
Den du lange begehrst: daß meine Büchlein,
Was für einer du seist, der Welt verkünden.
Denn was braucht man zu wissen, daß du lebtest?
Du sollst, Elender, unbekannt verkommen.
Doch es fehlen vielleicht in dieser Stadt nicht
Einer oder auch zwei, auch drei, auch viere,
Die's gelüstet, am Hundefell zu nagen.
Meine Nägel verschonen solche Räude.

Nutze das Leben!

Hurtig, Kallistus, schenk' ein vier Becher falernischen Nektar!
  Und mit Sommerschnee, Alcimus, kühle sie ab!
Echtes Nardengewürz benetze die glänzenden Locken!
  Aneinandergereiht kränzen die Rosen mein Haupt!

Tam vicina iubent nos vivere Mausolea,
  Cum doceant, ipsos posse perire deos.

V. 73

Non donem tibi cur meos libellos
Oranti totiens et exigenti,
Miraris, Theodore? Magna causa est:
Dones tu mihi ne tuos libellos.

V. 74

Pompeios iuvenes Asia atque Europa, sed ipsum
  Terra tegit Libyes, si tamen ulla tegit.
Quid mirum toto si spargitur orbe? Iacere
  Uno non poterat tanta ruina loco.

V. 76

Profecit poto Mithridates saepe veneno,
  Toxica ne possent saeva nocere sibi.
Tu quoque cavisti cenando tam male semper,
  Ne posses umquam, Cinna, perire fame.

V. 81

Semper pauper eris, si pauper es, Aemiliane.
  Dantur opes nullis nunc nisi divitibus.

Nahe Kaisergräber ermahnen mich: Nutze das Leben,
Wenn du noch kannst! Denn selbst Götter verloren es hier.

Gute Gründe

Theodorus, du wunderst dich, warum ich
Meine Bücher, soviel du drängst und bittest,
Dir nicht schenke? Ich habe gute Gründe:
Daß nicht du auch mir deine Bücher schenkest!

Pompejus und seine Söhne

In Asien und Europa liegen
Die Söhne des Pompejus eingescharrt;
Die Erde Libyens bedeckt den Vater,
Wenn überhaupt die Erde ihn bedeckt.
Sie sind zerstreuet auf dem ganzen Erdball.
Für solche Trümmer war e i n Ort zu klein.

Vorbeugung

Häufig getrunkenes Gift hat einst Mithridates gesichert,
Daß nicht Schaden ihm tun konnte der grausige Trank.
Du auch hast dich geschützt durch immer recht klägliches Essen,
Daß durch Hunger du nie, Cinna, zu sterben vermagst.

Hänschen Schlau

„Es ist doch sonderbar bestellt,“
Sprach Hänschen Schlau zu Vetter Fritzen,
„Daß nur die Reichen in der Welt
Das meiste Geld besitzen.“

Quod non sit Pylades hoc tempore, non sit Orestes,
   Miraris? Pylades, Marce, bibebat idem,
Nec melior panis turdusve dabatur Orestae,
   Sed par atque eadem cena duobus erat.
Tu Lucrina voras, me pascit aquosa peloris:
   Non minus ingenua est et mihi, Marce, gula.
Te Cadmea Tyros, me pinguis Gallia vestit:
   Vis te purpureum, Marce, sagatus amem?
Ut praestem Pyladen, aliquis mihi praestet Oresten.
   Hoc non fit verbis, Marce: ut ameris, ama.

   Versus scribere posse te disertos
   Adfirmas, Laberi: quid ergo non vis?
   Versus scribere qui potest disertos,
   Non scribat, Laberi: virum putabo.

Dum Phaethontea formica vagatur in umbra,
   Inplicuit tenuem sucina gutta feram.
Sic modo quae fuerat vita contempta manente,
   Funeribus facta est nunc pretiosa suis.

Tu qui pene viros terres et falce cinaedos,
   Iugera sepositi pauca tuere soli.

Wahre Freundschaft

Daß kein Pylades jetzt und kein Orestes mehr lebet,
   Wundert dich? – Pylades trank, was sein Orestes genoß.
Dieser bekam nicht bessere Butten noch Drosseln als jener:
   Beide Freunde, Makrin, speisten an einerlei Tisch.
Du verschlingst Lukriner Austern, mich füttern gemeine,
   Und mein Gaumen ist doch eben so vornehm, Makrin!
Dich bekleidet Purpur aus Tyros, mich Galliens Schafschur;
   Liebt ein Friesrock denn wohl einen bepurpurten Rock?
Soll ich Pylades sein, so müßte mir jemand Orest sein.
   Worte bewirken das nicht: Liebe, so wirst du geliebt!

An Laberius, der mit Dichtergaben prahlte

   Du sagst, du könnest gute Verse schreiben,
   Laber, und lässest es dabei verbleiben.
   Fürwahr, wer gute Verse schreiben kann
   Und schreibt sie nicht, ist mir ein seltner Mann!

Die Ameise im Bernstein

   Als sich an einem Baum die Ameis' eingefunden,
   Ward sie durch fließend Harz umwunden.
   Als sie noch atmete, ward sie hintangesetzt;
   Itzt wird sie durch ihr Grab geschätzt.

An den Feldgott Priapus

Der du Männer erschreckst durch dein Glied, durch die Sichel den
                                        Lüstling,
   Schütze das kleine Revier meines entlegenen Lands!

Sic tua non intrent vetuli pomaria fures,
  Sed puer et longis pulchra puella comis.

VI. 17

Cinnam, Cinname, te iubes vocari.
Non est hic, rogo, Cinna, barbarismus?
Tu si Furius ante dictus esses,
Fur ista ratione dicereris.

VI. 19

Non de vi neque caede nec veneno,
Sed lis est mihi de tribus capellis:
Vicini queror has abesse furto.
Hoc iudex sibi postulat probari:
Tu Cannas Mithridaticumque bellum
Et periuria Punici furoris
Et Sullas Mariosque Muciosque
Magna voce sonas manuque tota.
Iam dic, Postume, de tribus capellis.

VI. 23

Stare iubes nostrum semper tibi, Lesbia, penem:
  Crede mihi, non est mentula, quod digitus.
Tu licet et manibus blandis et vocibus instes,
  Te contra facies imperiosa tua est.

Mögen dein Obstfeld keine alten Diebe betreten,
   Knaben und Mädchen jedoch, schön und mit wallendem Haar!

An den Cinnamus, der gern Cinna heißen wollte

Dich, Cinnamus, soll man nur Cinna nennen;
Sprich, sollte dieses nicht ein Barbarismus sein?
Gesetzt, du hättest sonst geheißen Ochsenstein,
Soll man deswegen Ochs dich nennen?

Zur Sache!

Nicht um Gewalttat, Meuchelmord, Vergiftung,
Nur um drei Ziegen muß ich prozessieren:
Mein Nachbar, klag' ich, hat sie mir entwendet.
Der Richter fordert den Beweis der Klage.
In hohem Ton, mit beiden Armen sprichst du
Vom Kriege Mithridats, der Schlacht bei Kannä,
Dem Haß des punischen treulosen Staates,
Von Mucius und Marius und Sulla.
Nun, Freund, sprich endlich auch von den drei Ziegen!

Unmöglich

Lesbia, immer soll ich zu deinem Vergnügen bereit sein:
   Glaub' mir's, ein Handwerk ist nicht, was du von mir verlangst.
Wenn du mich auch bestürmst mit schmeichelnden Händen und Wor-
                      ten,
   Ist doch ein schlimmer Tyrann gegen dich selbst dein Gesicht.

Septem clepsydras magna tibi voce petenti
    Arbiter invitus, Caeciliane, dedit.
At tu multa diu dicis vitreisque tepentem
    Ampullis potas semisupinus aquam.
Ut tandem saties vocemque sitimque, rogamus,
    Iam de clepsydra, Caeciliane, bibas.

VI. 40

Femina praeferri potuit tibi nulla, Lycori:
    Praeferri Glycerae femina nulla potest.
Haec erit hoc quod tu: tu non potes esse quod haec est.
    Tempora quid faciunt! hanc volo, te volui.

VI. 48

Quod tam grande sophos clamat tibi turba togata,
    Non tu, Pomponi, cena diserta tua est.

VI. 52

Hoc iacet in tumulo raptus puerilibus annis
    Pantagathus, domini cura dolorque sui,
Vix tangente vagos ferro resecare capillos
    Doctus et hirsutas excoluisse genas.
Sis licet, ut debes, tellus, placata levisque,
    Artificis levior non potes esse manu.

Einem redseligen Rechtsanwalt

Wasseruhren erbatst du mit mächtiger Stimme dir sieben,
  Cäcilianus, doch gern gab sie der Richter dir nicht.
Aber du ziehst dein Gered' in die Länge und trinkst aus dem Glase
  Lauliches Wasser, den Kopf müde vornüber gebeugt.
Stille doch endlich einmal den Durst und die Stimme, wir bitten:
  Trink aus der Wasseruhr, Cäcilianus, hinfort!

Abschied von Lykoris

Vorziehn konnte man dir kein Weib auf der Welt, o Lykoris!
  Vorziehn kann man kein Weib meiner Glycera jetzt.
Sie wird werden, was du bist; du kannst nicht werden, was sie ist.
  Sie – was tut nicht die Zeit! – will ich; dich hab' ich gewollt.

Kein Mißverständnis!

Wenn ein so lautes Bravo die Schar der Klienten dir zuruft,
  Halte, Pompon, nicht dich, sondern dein Mahl für beredt!

Grabschrift für einen Barbier

Unter dem Grabstein liegt, in kindlichen Jahren entrissen,
  Pantagathus, den geliebt, den nun betrauert sein Herr,
Welcher das flatternde Haar geschickt zu schneiden verstanden,
  Der mit kaum streifendem Stahl borstige Wangen rasiert.
Magst auch, Erde, du sanft und leicht sein, wie er es verdient hat –
  Leichter kannst du doch nicht sein als des Künstlers Gelenk.

VI. 53

Lotus nobiscum est, hilaris cenavit, et idem
 Inventus mane est mortuus Andragoras.
Tam subitae mortis causam, Faustine, requiris?
 In somnis medicum viderat Hermocraten.

VI. 57

Mentiris fictos unguento, Phoebe, capillos
 Et tegitur pictis sordida calva comis.
Tonsorem capiti non est adhibere necesse:
 Radere te melius spongia, Phoebe, potest.

VI. 59

Et dolet et queritur, sibi non contingere frigus,
 Propter sescentas Baccara gausapinas,
Optat et obscuras luces ventosque nivesque,
 Odit et hibernos, si tepuere, dies.
Quid fecere mali nostrae tibi, saeve, lacernae,
 Tollere de scapulis quas levis aura potest?
Quanto simplicius, quanto est humanius illud,
 Mense vel Augusto sumere gausapinas!

VI. 60 (61)

Laudat, amat, cantat nostros mea Roma libellos,
 Meque sinus omnes, me manus omnis habet.

Todesursache

Fröhlich schmauste mit uns Andragoras, fröhlich auch wünscht' er
    Gute Nacht; andern Tags fand man im Bette ihn tot.
Was so schnell ihn getötet, den blühenden Jüngling, das fragst du?
    Freund, er hatte den Arzt Bullus im Traume gesehn!

Vereinfachtes Haareschneiden

Phöbus, du lügst dich behaart durch bräunliche Streifen von Salbe,
    Deckst mit gemaltem Haar künstlich die Glatze dir zu.
Nun braucht kein Barbier mit Schere und Kamm dich zu putzen;
    Phöbus, den ganzen Kopf schiert dir ein einziger Schwamm!

Die beste Lösung

Bakkara, welcher sechshundert Überröcke verwahrt hat,
    Ist bekümmert und seufzt, daß keine Kälte noch kommt,
Wünscht sich trüben Himmel und Schnee und stürmisches Wetter;
    Jeder gelinde Tag ist ihm im Winter verhaßt.
Sage, du Harter, was Leides dir unsre Mäntelchen taten,
    Die der leiseste Wind uns von der Schulter entführt?
Weit natürlicher, weit barmherziger wär' es, du hingest
    Mitten im Monat August deine Gewänder dir um.

Wertsteigerung

Es lobt, es liebt, es singt
Ganz Rom von meinen Scherzen;
Sie sind in jeder Hand,
Sie sind in jedem Herzen.

Ecce rubet quidam, pallet, stupet, oscitat, odit.
Hoc volo: nunc nobis carmina nostra placent.

VI. 63

Scis te captari, scis hunc qui captat, avarum,
Et scis qui captat, quid, Mariane, velit.
Tu tamen hunc tabulis heredem, stulte, supremis
Scribis et esse tuo vis, furiose, loco.
„Munera magna tamen misit." Sed misit in hamo;
Et piscatorem piscis amare potest?
Hicine deflebit vero tua fata dolore?
Si cupis, ut ploret, des, Mariane, nihil.

VI. 65

„Hexametris epigramma facis" scio dicere Tuccam.
Tucca, solet fieri, denique, Tucca, licet.
„Sed tamen hoc longum est." Solet hoc quoque, Tucca,
licetque:
Si breviora probas, disticha sola legas.
Conveniat nobis, ut fas epigrammata longa
Sit transire tibi, scribere, Tucca, mihi.

VI. 70

Sexagesima, Marciane, messis
Acta est et, puto, iam secunda Cottae,

Nur ein gewisser Herr
Wird rot und blaß und blässer
Und gähnt und haßt mich sehr.
Recht! Mir gefällt mein Büchlein
Von Stund ab um so mehr.

Geschenke an der Angel

Daß man dir nachstellt, weißt du; du weißt, wer gierig dir nachstellt,
    Und, Marianus, du weißt, was der Belauernde will.
Dennoch ernennst du ihn, Tor, im letzten Willen zum Erben,
    Ja, du Rasender, willst, daß er dich gänzlich beerbt.
„Aber er schickte mir viel zum Geschenk!" Doch er schickt's an
                                            der Angel:
    Wär' es möglich, daß je liebte den Fischer der Fisch?
Wird er mit wirklichem Schmerz dereinst dein Scheiden beweinen?
    Wenn du willst, daß er weint, gib, Marianus, ihm nichts!

Gütlicher Vergleich

„Epigramme machst du in Hexametern?" wundert sich Tukka.
    „Tukka, das pflegt zu geschehn; Tukka, das stehet uns frei."
„Aber das ist sehr lang." – „Uns, Tukka, stehet auch dies frei;
    Wenn es dir kürzer beliebt, lies nur ein Distichon durch.
Hier ist ein Vorschlag: Ein längeres Epigramma sei künftig
    Dir zu verwerfen und mir, Tukka, zu schreiben erlaubt."

Gesund sein heißt leben

Sechzig Jahre und zwei vielleicht darüber
Hat schon Kotta gelebt und weiß noch keinen

Nec se taedia lectuli calentis
Expertum meminit die vel uno.
Ostendit digitum, sed inpudicum,
Alconti Dasioque Symmachoque.
At nostri bene computentur anni
Et quantum tetricae tulere febres
Aut languor gravis aut mali dolores,
A vita meliore separentur:
Infantes sumus, et senes videmur.
Aetatem Priamique Nestorisque
Longam qui putat esse, Marciane,
Multum decipiturque falliturque.
Non est vivere, sed valere vita est.

VI. 72

Fur notae nimium rapacitatis
Conpilare Cilix volebat hortum,
Ingenti sed erat, Fabulle, in horto
Praeter marmoreum nihil Priapum.
Dum non vult vacua manu redire,
Ipsum subripuit Cilix Priapum.

VI. 74

Medio recumbit imus ille qui lecto,
Calvam trifilem semitatus unguento,
Foditque tonsis ora laxa lentiscis,
Mentitur, Aefulane: non habet dentes.

Tag, an dem er das Bett gehütet hätte;
Kann dem Symmachus, Dasius und Alkon
Höhnisch lachend den langen Finger weisen. –
Freund, berechnen wir unser Alter richtig,
Wird, was Mattigkeit, Schmerz und Fieber wegnimmt,
Von den besseren Tagen abgezogen:
Dann sind wir, die wir Greise scheinen, Kinder.
Wer das Leben des Priamus und Nestor
Für ein langes hält, Martian, der irret.
Nicht bloß leben, gesund sein – das heißt leben!

Der gestohlene Wächter

Einen Garten bestehlen wollte Cilix,
Weit berüchtigt durch seine große Raublust.
Doch, Fabullus, es war im ganzen Garten
Außer einem Priap aus Marmor gar nichts.
Ohne Beute will Cilix nicht nach Hause –
Also holt er sich den Priapus selber.

Angeberei

Der am mittelsten Tisch auf dem letzten Polster dort ausruht,
Die dreihaarige Glatze mit brauner Salbe gestreift hat
Und mit Mastixholz im weiten Maule sich stochert,
Äfulanus, der lügt: Er hat alle Zähne verloren.

VI. 79

Tristis es et felix. Sciat hoc Fortuna caveto:
Ingratum dicet te, Lupe, si scierit.

VI. 80

Ut nova dona tibi, Caesar, Nilotica tellus
  Miserat hibernas ambitiosa rosas.
Navita derisit Pharios Memphiticus hortos,
  Urbis ut intravit limina prima tuae:
Tantus veris honos et odorae gratia Florae,
  Tantaque Paestani gloria ruris erat;
Sic quacumque vagus gressumque oculosque ferebat,
  Tonsilibus sertis omne rubebat iter.
At tu Romanae iussus iam cedere brumae,
  Mitte tuas messes, accipe, Nile, rosas.

VI. 82

Quidam me modo, Rufe, diligenter
Inspectum, velut emptor aut lanista,
Cum vultu digitoque subnotasset,
„Tune es, tune" ait „ille Martialis,
Cuius nequitias iocosque novit,
Aurem qui modo non habet Batavam?"
Subrisi modice, levique nutu
Me quem dixerat esse non negavi.
„Cur ergo" inquit „habes malas lacernas?"

Warnung

Opim, wieviel ist dir beschert!
Du bist gesund und reich und dennoch voller Klagen,
Was wird das Glück von deinem Undank sagen,
Sobald es ihn erfährt?

Guter Tausch

Als die Nilstadt jüngst dir Winterrosen, o Kaiser,
   In dem stolzen Wahn seltner Geschenke gesandt,
Lachte sogar der Schiffer aus Memphis der Gärten Ägyptens,
   Als er nur deiner Stadt äußerste Grenze betrat.
So verschwenderisch blühte der Lenz, so spendete Flora
   Wohlgerüche, so siegprangte die pästische Flur;
So, wohin er die Schritte, wohin er das Auge nur wendet,
   Duftet von Kränzen der Weg, die man aus Blättern gewebt.
Du, gezwungen hinfort, dem römischen Winter zu weichen,
   Nimm von uns Rosen, o Nil, uns aber sende dein Korn!

Begründete Bitte

Jüngst betrachtete jemand mich mit Blicken
Wie ein Fechtmeister oder wie ein Käufer.
Und indem er mich vorn und hinten mustert,
Sagt er: „Bist du nicht jener Martialis,
Dessen heiteren Unsinn jeder gern hat,
Der nicht grade barbarisch ungebildet?“
Ich, leicht nickend, bescheiden lächelnd, leugne
Nicht, ich sei es, von dem er eben spreche.
„Warum trägst du denn derart schlechte Kleidung?“

Respondi: „„„quia sum malus poeta""".
Hoc ne saepius accidat poetae,
Mittas, Rufe, mihi bonas lacernas.

VII. 3

Cur non mitto meos tibi, Pontiliane, libellos?
Ne mihi tu mittas, Pontiliane, tuos.

VII. 4

Esset, Castrice, cum mali coloris,
Versus scribere coepit Oppianus.

VII. 9

Cum sexaginta numeret Cascellius annos,
    Ingeniosus homo est: quando disertus erit?

VII. 10

Pedicatur Eros, fellat Linus: Ole, quid ad te,
    De cute quid faciant ille vel ille sua?
Centenis futuit Matho milibus: Ole, quid ad te?
    Non tu propterea, sed Matho pauper erit.
In lucem cenat Sertorius: Ole, quid ad te,
    Cum liceat tota stertere nocte tibi?
Septingenta Tito debet Lupus: Ole, quid ad te?
    Assem ne dederis crediderisve Lupo.
Illud dissimulas, ad te quod pertinet, Ole,
    Quodque magis curae convenit esse tuae.

Ich entgegne: „Ich bin ein schlechter Dichter." –
Rufus, daß man den Dichter so nicht öfter
Frage, schicke mir doch 'nen neuen Mantel!

Vorsicht geboten

„Pontilian, nie schenke ich dir meine Bücher." – „Warum nicht?" –
„Darum, Pontilian, weil du mir deine sonst schenkst."

Berufung

Da er so blaß war, dachte Oppian,
Er sei Poet, und fing zu reimen an.

Auf den Veit

Veit ist ein witz'ger Kopf und zählet sechzig? – Mein!
Er hat noch lange hin, ein kluger Kopf zu sein.

Ein jeder kehre vor seiner Tür ...

Eros ist so und Linus ein Schwein. – Was geht das denn dich an,
   Olus, wie jeder sein Fell selber zu Markte trägt? –
Hunderttausend hat Matho verhurt. – Was geht das denn dich an,
   Olus? Wirst du denn dadurch oder wird Matho arm? –
Bis zum Morgen tafelt Sertor. – Was geht das denn dich an,
   Olus, wenn du so lang schnarchen kannst, wie dir's gefällt? -
Lupus hat mächtig Schulden bei Titus. – Was geht das denn dich an,
   Olus, denn du hast gewiß ihm keinen Pfennig geborgt.
Darüber schweigst du fein still, was dich tatsächlich sehr angeht
Und worum du dich mehr kümmern solltest, mein Freund.

Pro togula debes: hoc ad te pertinet, Ole.
  Quadrantem nemo iam tibi credit: et hoc.
Uxor moecha tibi est: hoc ad te pertinet, Ole.
  Poscit iam dotem filia grandis: et hoc.
Dicere quindecies poteram, quod pertinet ad te:
  Sed quid agas, ad me pertinet, Ole, nihil.

VII. 17

  Ruris bibliotheca delicati,
  Vicinam videt unde lector urbem,
  Inter carmina sanctiora si quis
  Lascivae fuerit locus Thaliae,
  Hos nido licet inseras vel imo,
  Septem quos tibi misimus libellos
  Auctoris calamo sui notatos:
  Haec illis pretium facit litura.
  At tu munere dedicata parvo
  Quae cantaberis orbe nota toto,
  Pignus pectoris hoc mei tuere,
  Iuli bibliotheca Martialis.

VII. 25

Dulcia cum tantum scribas epigrammata semper
  Et cerussata candidiora cute,
Nullaque mica salis nec amari fellis in illis
  Gutta sit, o demens, vis tamen illa legi!

Schuldig bist du dein Mäntelchen: Olus, das geht dich gar sehr an;
  Niemand borgt dir auch nur einen Pfennig – das auch.
Deine Frau treibt Ehebruch: Olus, das geht dich gar sehr an.
  Deine Tochter wird groß, fordert die Mitgift – das auch.
Hundertmal könnt' ich noch sagen: Mein Olus, das geht dich gar
                                                      sehr an –
  Doch mich geht es nichts an, Olus, was immer du tust.

An den Büchersaal des Julius Martialis

Büchersaal auf dem angenehmsten Landsitz,
Wo die Lesenden Rom vor Augen sehen!
Wenn für meine Gedichte, leicht und locker,
Unter heiligen Dichtern noch ein Platz ist,
So vergönn ihn doch – wär's auch nur ein Winkel –
Diesen sieben dir zugesandten Büchern,
Von der Hand des Verfassers oft durchstrichen,
Welches ihnen vielleicht noch größern Wert gibt.
Aber du, den die kleine Gabe einweiht,
Der darum in der ganzen Welt berühmt wird –
Nimm dies Liebespfand gütig an und schütz es,
Büchersaal des geliebten Martialis!

Auf einen geschmacklosen Epigrammatiker

Während du lauter verzuckerte Sinngedichtchen herausgibst,
  Welche noch glatter sind als die geschminkteste Haut,
Die kein Körnlein Salz, kein Tropfen bitterer Galle
  Würzet, forderst du doch, daß man dich lese, du Tor!

Nec cibus ipse iuvat morsu fraudatus aceti,
  Nec grata est facies, cui gelasinus abest.
Infanti melimela dato fatuasque mariscas:
  Nam mihi, quae novit pungere, Chia sapit.

VII. 27

Tuscae glandis aper populator et ilice multa
  Iam piger, Aetolae fama secunda ferae,
Quem meus intravit splendenti cuspide Dexter,
  Praeda iacet nostris invidiosa focis:
Pinguescant madido laeti nidore penates
  Flagret et exciso festa culina iugo.
Sed cocus ingentem piperis consumet acervum
  Addet et arcano mixta Falerna garo:
Ad dominum redeas, noster te non capit ignis,
  Conturbator aper: vilius esurio.

VII. 31

  Raucae chortis aves et ova matrum
  Et flavas medio vapore Chias
  Et fetum querulae rudem capellae
  Nec iam frigoribus pares olivas
  Et canum gelidis holus pruinis
  De nostro tibi missa rure credis?
  O quam, Regule, diligenter erras!
  Nil nostri, nisi me, ferunt agelli.
  Quidquid vilicus Umber aut colonus
  Aut rus marmore tertio notatum

Fehlt den Speisen der Biß der Säure, so schmecken sie fade;
  Ohne lachenden Zug langweilt das ganze Gesicht.
Kindern gib Honigäpfel und ekelhaft süße Marisken:
  Feigen von Chios, die fein stechen, gehören für mich.

Das geschenkte Wildschwein

Wildschwein, Verwüster des tuskischen Eichwalds, von häufiger
                                                Mastung
  Fettgewordenes Wild, welches dem besten gleicht,
Dem mein Dexter mit blinkendem Speere tief in die Brust drang,
  Stolze Beute, du liegst hier, für mein Feuer bestimmt. –
Hauet am Hügel den Wald aus! Es flamme der festliche Herd auf!
  Kräftiger Bratengeruch dampf' um die Laren herum!
Aber der Koch verbraucht ansehnliche Haufen von Pfeffer,
  Mischt zu dem raresten Fischgallert falernischen Wein. –
Reise zu deinem Herrn zurück, du Verwüster! Für unsern
  Herd zu vornehm! So viel Geld ist mein Hunger nicht wert.

Enttäuschung

  Hühnchen, Entchen und ihrer Mütter Eier,
  Leicht getrocknete gelbe Chier Feigen
  Und das meckernde Zicklein und Oliven,
  Die dem Froste nicht länger widerstehen,
  Und den Kohl, den die Kälte weiß bereift hat,
  Meinst du, sandt' ich dir zu von meinem Landgut?
  Ach, mein Regulus möchte gern sich täuschen!
  Nein, mein Äckerchen trägt nichts als mich selber.
  Was der umbrische Meier oder Pächter,
  Was der Landsitz am dritten Meilensteine,

Aut Tusci tibi Tusculive mittunt,
Id tota mihi nascitur Subura.

VII. 36

Cum pluvias madidumque Iovem perferre negaret
    Et rudis hibernis villa nataret aquis,
Plurima, quae posset subitos effundere nimbos,
    Muneribus venit tegula missa tuis.
Horridus, ecce, sonat Boreae stridore December:
    Stella, tegis villam, non tegis agricolam.

VII. 42

Muneribus cupiat si quis contendere tecum,
    Audeat hic etiam, Castrice, carminibus.
Nos tenues in utroque sumus vincique parati:
    Inde sopor nobis et placet alta quies.
Tam mala cur igitur dederim tibi carmina, quaeris?
    Alcinoo nullum poma dedisse putas?

VII. 46

Commendare tuum dum vis mihi carmine munus
    Maeonioque cupis doctius ore loqui,
Excrucias multis pariter me teque diebus,
    Et tua de nostro, Prisce, Thalia tacet.
Divitibus poteris musas elegosque sonantes
    Mittere: pauperibus munera πεζᾷ dato.

Was der Tuskuler und der Tusker dir zollt,
Das wächst mir – auf dem Viehmarkt und dem Krautmarkt.

Durch die Blume

Während mein morsches Landhaus nicht länger Jupiters Regen
    Aushielt und in der Flut schwamm, die der Winter ergoß,
Wurden mir jüngst zum Geschenk, um plötzliche Wolkenergüsse
    Abzuleiten, von dir Ziegel in Menge geschickt.
Schauerlich tönt das Geheul des Nordwinds jetzt im Dezember;
    Stella, du decktest das Haus, doch den Besitzer noch nicht.

Obst für Alkinous

Wer in Geschenken mit dir den Wettstreit wollte beginnen,
    Kastrikus, wage den Kampf auch in Gedichten mit dir.
Ich bin schwach und bereit, besiegt zu werden in beiden,
    Weil vor allem mir lieb Ruhe und stärkender Schlaf.
Weshalb, fragst du, ich dir denn so schlechte Verse gesendet?
    Auch dem Alkinous ward Obst zuweilen geschickt.

Handfeste Ware

Während du durch ein Gedicht dein Geschenk mir möchtest ver-
                                            schönern
    Und gern herrlicher sprächst als der alte Homer,
Quälest du mich wie dich seit vielen Tagen, mein Priskus,
    Aber dein Genius bleibt leider doch immer noch stumm.
Reichen magst du der Musen Gesang und elegische Klänge
    Schicken; den Armen gib Prosageschenke dafür!

Cum mensas habeat fere trecentas,
Pro mensis habet Annius ministros:
Transcurrunt gabatae volantque lances.
Has vobis epulas habete, lauti:
Nos offendimur ambulante cena.

Mercari nostras si te piget, Urbice, nugas
   Et lasciva tamen carmina nosse libet,
Pompeium quaeres – et nosti forsitan – Auctum;
   Ultoris prima Martis in aede sedet:
Iure madens varioque togae limatus in usu,
   Non lector meus hic, Urbice, sed liber est.
Sic tenet absentes nostros cantatque libellos,
   Ut pereat chartis littera nulla meis:
Denique, si vellet, poterat scripsisse videri;
   Sed famae mavult ille favere meae.
Hunc licet a decuma – neque enim satis ante vacabit –
   Sollicites; capiet cenula parva duos;
Ille leget, bibe tu; nolis licet, ille sonabit;
   Et cum „Iam satis est" dixeris, ille leget.

Semper mane mihi de me mera somnia narras,
   Quae moveant animum sollicitentque meum.
Iam prior ad faecem, sed et haec vindemia venit,
   Exorat noctes dum mihi saga tuas;

„Laufbankette"

Hat gleich Annius fast dreihundert Tische,
Braucht doch Annius statt der Tische Diener.
Schüsseln fliegen umher und tiefe Teller. –
Damit laßt mich in Frieden, reiche Freunde!
Mir behagen nun keine Laufbankette.

Das lebende Buch

Wenn du nicht Lust hast, Urbikus, meine Possen zu kaufen,
   Du aber gerne hörst einen gepfefferten Vers,
So erfrage (du kennst ihn vielleicht) den Auktus Pompejus;
   Bei des rächenden Mars Tempel ist jetzo sein Haus.
Kundig der Rechte, bewährt in allen Geschäften des Staates,
   Ist er kein Leser von mir – nein, er ist selber mein Buch.
Auch wenn das Werk nicht da ist, hat er es so gut im Gedächtnis,
   Daß nicht an einem Blatt auch nur ein Buchstabe fehlt.
Wollt' er, so könnte er tun, als hätt' er das Büchlein geschrieben;
   Aber er gönnt mir gern meinen erworbenen Ruhm.
Diesen besuche, und wär's in der zehnten Stunde des Tages
   (Eher hat er nicht Zeit): Gleich wird für zweie gedeckt.
Er wird lesen, du trinken; du wirst nicht hören, und er wird
   Deklamieren. Du sprichst: „Nun ist's genug!" Er liest doch.

Stoßseufzer

Deine Träume von mir erzählst du mir ständig am Morgen,
   Daß mein Gemüt von Angst ewig gepeinigt wird.
Schon bis zur Hefe kam der vorige Wein, ja auch dieser,
   Seit mir die Zauberin sühnt, was du die Nächte geträumt.

Consumpsi salsasque molas et turis acervos;
  Decrevere greges, dum cadit agna frequens;
Non porcus, non chortis aves, non ova supersunt.
  Aut vigila aut dormi, Nasidiane, tibi.

VII. 61

Abstulerat totam temerarius institor urbem,
  Inque suo nullum limine limen erat.
Iussisti tenuis, Germanice, crescere vicos,
  Et modo quae fuerat semita, facta via est.
Nulla catenatis pila est praecincta lagonis,
  Nec praetor medio cogitur ire luto,
Stringitur in densa nec caeca novacula turba,
  Occupat aut totas nigra popina vias.
Tonsor, copo, cocus, lanius sua limina servant.
  Nunc Roma est, nuper magna taberna fuit.

VII. 65

Lis te bis decumae numerantem frigora brumae
  Conterit una tribus, Gargiliane, foris.
A miser et demens! viginti litigat annis
  Quisquam, cui vinci, Gargiliane, licet?

VII. 71

Ficosa est uxor, ficosus et ipse maritus,
  Filia ficosa est et gener atque nepos,
Nec dispensator nec vilicus ulcere turpi
  Nec rigidus fossor, sed nec arator eget.

Salzschrot hab' ich verbraucht und ganze Berge von Weihrauch,
    Und da ein Lamm oft fällt, nehmen die Herden mir ab;
Schweine hab' ich nicht mehr, nicht Hofgeflügel noch Eier.
    Wache, Nasidian, oder träume von dir!

Rom ist schöner geworden

Gänzlich hatten die Stadt die frechen Krämer verschlungen,
    Und von der Stelle war jegliche Schwelle gerückt.
Du, Germanikus, ließest die schmalen Gassen sich dehnen,
    Was nur ein Fußsteig war, wurde zur Straße gemacht.
Keiner der Pfeiler trägt mehr eine Kette von klappernden Krügen,
    Und nicht mitten im Kot braucht jetzt der Prätor zu gehn;
Schermesser zückt der Barbier nicht blindlings mehr im Gedränge,
    Noch verstopfet des Wegs Breite ein rußiger Herd.
Wirt und Barbier und Koch und Fleischer hüten die Schwelle.
    Jetzt ist's Rom, was noch jüngst eine Taberne nur war.

Mit Anstand verlieren

Drei Instanzen beschäftigst du nun mit deinem Prozesse;
    Schon das zwanzigste Jahr ärgerst du dich mit dem Streit.
Heilloser Narr, wer wird wohl ins zwanzigste Jahr prozessieren,
    Wenn es ihm schon zu Beginn freisteht, ob er verliert!

Feigen

Feiglein hat der Gemahl, feigwarzig ist die Gemahlin,
    Tochter und Eidam trägt Feigen, das Enkelchen selbst;
Nicht der Kassierer, der Meier und nicht der stämmige Gärtner,
    Auch die Knechte sind nicht frei von dem bösen Geschwür.

Cum sint ficosi pariter iuvenesque senesque,
   Res mira est, ficos non habet unus ager.

VII. 76

Quod te diripiunt potentiores
Per convivia, porticus, theatra,
Et tecum, quotiens ita incidisti,
Gestari iuvat et iuvat lavari:
Nolito nimium tibi placere.
Delectas, Philomuse, non amaris.

VII. 77

Exigis, ut nostros donem tibi, Tucca, libellos.
   Non faciam: nam vis vendere, non legere.

VII. 81

„Triginta toto mala sunt epigrammata libro."
   Si totidem bona sunt, Lause, bonus liber est.

VII. 83

Eutrapelus tonsor dum circuit ora Luperci
   Expingitque genas, altera barba subit.

VII. 85

Quod non insulse scribis tetrasticha quaedam,
   Disticha quod belle pauca, Sabelle, facis,

Feiglein tragen die Jungen, und Feiglein tragen die Alten,
  Seltsamerweise trägt eins keine Feigen: das Feld.

An einen Lustigmacher

Die Großen reißen sich um dich
Beim Schmaus, im Schauspiel, auf den Promenaden.
Sobald du kommst, erfreun sie sich,
Mit dir zu promenieren und zu baden.
Ich bitte, bilde dir darauf nichts ein:
Du stehst bei ihnen nicht in großen Gnaden;
Sie wollen nur von dir belustigt sein.

Freiexemplare

Dir meine Schriften schenken? Nein, das werd' ich nie!
Nicht lesen, Milichus, verkaufen willst du sie.

Einem Kritiker

„Dreißig von deinen Gedichten sind dir mißglückt in dem Buche."
Hat es nur ebensoviel gute, dann ist es schon gut.

Der langsame Barbier

Während Luperkus' Gesicht der Barbier Eutrapelus glatt schiert
Und ihm die Wangen putzt, wächst ihm schon wieder ein Bart.

An einen eitlen Poeten

Daß du manches nicht ungesalzene Distichon machtest,
  Mancher Vierzeiler dir ebenso trefflich geriet,

Laudo, nec admiror. Facile est epigrammata belle
Scribere, sed librum scribere difficile est.

VII. 86

Ad natalicias dapes vocabar,
Essem cum tibi, Sexte, non amicus:
Quid factum est, rogo, quid repente factum est,
Post tot pignora nostra, post tot annos
Quod sum praeteritus vetus sodalis?
Sed causam scio: nulla venit a me
Hispani tibi libra pustulati
Nec levis toga nec rudes lacernae.
Non est sportula, quae negotiatur;
Pascis munera, Sexte, non amicos.
Iam dices mihi „Vapulet vocator."

VII. 92

„Si quid opus fuerit, scis me non esse rogandum"
Uno bis dicis, Baccara, terque die.
Appellat rigida tristis me voce Secundus:
Audis, et nescis, Baccara, quid sit opus.
Pensio te coram petitur clareque palamque:
Audis, et nescis, Baccara, quid sit opus.
Esse queror gelidasque mihi tritasque lacernas:
Audis, et nescis, Baccara, quid sit opus.
Hoc opus est, subito fias ut sidere mutus,
Dicere ne possis, Baccara: „Si quid opus."

Nimmt mich nicht wunder. Denn Sinngedichte trefflich zu schreiben,
Ist nicht schwer; doch ein Buch trefflich zu schreiben, ist schwer.

Wucher mit Einladungen

Immer ludst du zum Schmaus mich am Geburtstag,
Sextus, als ich noch nicht dir war befreundet.
Was ist plötzlich, ich bitte dich, geschehen,
Daß nach Jahren, nach vielen Freundschaftspfändern
Du den alten Genossen übergingest?
Doch ich kenne den Grund. Ich habe kein Pfund
Feines spanisches Silber dir gesendet,
Auch nicht prächtige Mäntel, glatte Togen.
Doch beim Einladen soll man nichts verdienen!
Nicht dem Freund, dem Geschenk nur gilt dein Futter. –
Jetzt wird's heißen: „Das soll mein Diener büßen!"

Das einzig Nötige

„Tut was nötig? Du weißt, ich lasse nicht lange mich bitten."
    Kotta, dies hast du mir zwei-, dreimal am Tage gesagt.
Vor den Richter ruft mich mit böser Stimme Sekundus:
    Kotta, du hörst es, und doch weißt du, was nötig tut, nicht.
Laut vor deinen Ohren verlangt der Hauswirt die Miete:
    Kotta, du hörst es, und doch weißt du, was nötig tut, nicht.
Ach, mein Mäntelchen, klag' ich, ist mir zu dünn und mich friert.
    Kotta, du hörst es, und doch weißt du, was nötig tut, nicht.
Das tut nötig: daß du vom Schlage getroffen und stumm wirst,
    Kotta, damit du nie „Tut dir was nötig?" mehr sagst.

Nosti si bene Caesium, libelle,
Montanae decus Umbriae Sabinum,
Auli municipem mei Pudentis,
Illi tu dabis haec vel occupato:
Instent mille licet premantque curae,
Nostris carminibus tamen vacabit:
Nam me diligit ille proximumque
Turni nobilibus legit libellis.
O quantum tibi nominis paratur!
O quae gloria! quam frequens amator!
Te convivia, te forum sonabit,
Aedes, compita, porticus, tabernae.
Uni mitteris, omnibus legeris.

Omnia, Castor, emis: sic fiet, ut omnia vendas.

Archetypis vetuli nihil est odiosius Eucti
  – Ficta Saguntino cymbia malo luto –,
Argenti furiosa sui cum stemmata narrat
  Garrulus et verbis mucida vina facit.
„Laomedonteae fuerant haec pocula mensae:
  Ferret ut haec, muros struxit Apollo lyra.

An sein Buch

Büchlein! Wenn du den Cäsius Sabinus
Kennst, die Zierde der umbrischen Gebirge,
Einen Landsmann von meinem Aulus Pudens,
Gib ihm dieses, auch wenn er sehr beschäftigt.
Wenn auch Scharen von Sorgen ihn umschwärmen,
Hat er dennoch zu meinen Versen Muße.
Denn er liebt mich und liest mich nächst den edlen
Poesien des Turnus noch am liebsten.
O, wie groß wird mein Name werden! Wieviel
Ehre werd' ich erhalten, wieviel Leser!
Beim Gelage, am Markt, in Säulengängen,
Straßen, Häusern und Zechen singt dich jeder.
Einem send' ich dich, doch dich lesen tausend.

Auf den Kodyll

Der kindische Kodyll wird keiner Steigrung satt,
Läßt keinen Krämer laufen,
Kauft alles, was er sieht, um alles, was er hat,
Bald wieder zu verkaufen.

Der Antikensammler

Nichts ist mir mehr verhaßt als des Trottels Euktus Antiken
   – Lieber ein Schälchen, geformt aus saguntinischem Ton –,
Wenn er geschwätzig erzählt und begeistert vom Stammbaum des
                                                             Silbers
   Und durch sein Reden den Wein sauer und kahmig mir macht.
„Dieser Pokal hat einst auf Laomedons Tische gestanden,
   Seinethalb hat des Apoll Leier die Mauern gebaut.

Hoc cratere ferox commisit proelia Rhoetus
    Cum Lapithis: pugna debile cernis opus.
Hi duo longaevo censentur Nestore fundi:
    Pollice de Pylio trita columba nitet.
Hic scyphus est, in quo misceri iussit amicis
    Largius Aeacides vividiusque merum.
Hac propinavit Bitiae pulcherrima Dido
    In patera, Phrygio cum data cena viro est."
Miratus fueris cum prisca toreumata multum,
    In Priami calathis Astyanacta bibes.

VIII. 9

Solvere dodrantem nuper tibi, Quinte, volebat
    Lippus Hylas, luscus vult dare dimidium.
Accipe quam primum; brevis est occasio lucri:
    Si fuerit caecus, nil tibi solvet Hylas.

VIII. 12

Uxorem quare locupletem ducere nolim,
    Quaeritis? Uxori nubere nolo meae.
Inferior matrona suo sit, Prisce, marito:
    Non aliter fiunt femina virque pares.

VIII. 17

Egi, Sexte, tuam, pactus duo milia, causam:
    Misisti nummos quod mihi mille, quid est?
„Narrasti nihil" inquis „et a te perdita causa est."
    Tanto plus debes, Sexte, quod erubui.

Rhötus, der wilde Zentaur, warf den Mischkrug hier in dem Treffen
    Mit den Lapithen: Das Stück siehst du beschädigt vom Kampf.
Dieser Doppelpokal gehörte dem uralten Nestor:
    Blank gerieben von ihm wurde die Taube daran.
Das ist der Becher, worin des Äakus Enkel Achilles
    Seinen Freunden den Wein reichlich und feurig gemischt.
In der Schale dort trank dem Bitias einst bei dem Mahle,
    Das sie Äneas gab, Dido, die reizende, zu."
Hast du nun lange genug die Werke der Alten bewundert,
    Kriegst du aus Priamus' Kelch Heurigen schäbig kredenzt.

An einen Augenarzt

Als ihm die Augen nur trieften, da wollt' er die Rechnung bezahlen;
    Da er das eine verlor, bietet er heute noch halb.
Eilig greif zu, denn kurz ist die Chance für dich zu verdienen:
    Ist er auf beiden erst blind, zahlt er dir sicher nichts mehr.

Das Gesetz der Ehe

Ihr wollt wissen, warum kein reiches Weib ich zur Frau mag?
    Mir gefällt's nicht, die Frau meiner Gemahlin zu sein.
Untergeordnet sei die Hausfrau, mein Priskus, dem Manne,
    Anders stehen sich nicht Gatten und Gattinnen gleich.

Erhöhte Forderung

Sextus, für deinen Prozeß hab' ich zweitausend gefordert.
    Warum hast du mir nur tausend Sesterze geschickt?
„Gar nichts brachtest du vor und verlorst den Prozeß mir!" so sagst du.
    Sextus, du schuldest mir nun, weil ich mich schämte, noch mehr.

VIII. 19

Pauper videri Cinna vult; et est pauper.

VIII. 20

Cum facias versus nulla non luce ducenos,
  Vare, nihil recitas. Non sapis, atque sapis.

VIII. 23

Esse tibi videor saevus nimiumque gulosus,
  Qui propter cenam, Rustice, caedo cocum.
Si levis ista tibi flagrorum causa videtur,
  Ex qua vis causa vapulet ergo cocus?

VIII. 27

Munera qui tibi dat locupleti, Gaure, senique,
  Si sapis et sentis, hoc tibi ait „Morere.“

VIII. 29

Disticha qui scribit, puto, vult brevitate placere.
  Quid prodest brevitas, dic mihi, si liber est?

Raffiniert

Cinna ist sehr raffiniert:
Stellt sich arm und ist es wirklich.

Auf den Cytharist

Jahraus, jahrein reimt Cytharist
Zweihundert Vers' in einem Tage;
Doch drucken läßt er nichts. Entscheidet mir die Frage,
Ob er mehr klug, mehr unklug ist.

Über die Strafe dessen, der seine Kunst vernachlässigt

Wenn ich zu hart dir, o Rustikus, oder ein Leckermaul scheine,
  Weil ich mit Schlägen den Koch wegen der Mahlzeit bestraft,
Und der Geißelung Ursach, zu unbedeutend dich dünket:
  Ei, so sage, warum schlüge man sonst wohl den Koch?

Deutlich genug

Wärst du klug, du würdest merken:
Wer dir reichem, altem Herrn
Etwas schenkt, der meint damit:
„Kratz nun ab!"

Von den zweizeiligen Sinngedichten

Wenn du Distichen schreibst, so willst du durch Kürze gefallen.
  Füllst du aber ein Buch, sag, was die Kürze dann hilft!

Aëra per tacitum delapsa sedentis in ipsos
  Fluxit Aretullae blanda columba sinus.
Luserat hoc casus, nisi inobservata maneret
  Permissaque sibi nollet abire fuga.
Si meliora piae fas est sperare sorori
  Et dominum mundi flectere vota valent,
Haec a Sardois tibi forsitan exulis oris,
  Fratre reversuro, nuntia venit avis.

  Cum sitis similes paresque vita,
  Uxor pessima, pessimus maritus,
  Miror, non bene convenire vobis.

  Non horti neque palmitis beati,
  Sed rari nemoris, Priape, custos,
  Ex quo natus es et potes renasci,
  Furaces, moneo, manus repellas
  Et silvam domini focis reserves:
  Si defecerit haec, et ipse lignum es.

„Tristis Athenagoras non misit munera nobis,
  Quae medio brumae mittere mense solet.“

Bittschrift

Aretulla saß da; ein schmeichelndes Täubchen schoß eilig
  Aus den Lüften herab, sank ihr gerad in den Schoß.
Spiel des Zufalls? O nein! Es blieb auch ohne Bewachung;
  Es verschmähte die Flucht, die man ihm lange vergönnt.
Wenn der frommen Schwester ein Glück zu hoffen erlaubt ist,
  Und wenn ihr Wunsch den Weltherrscher zu lenken vermag,
Kam der Vogel vielleicht als Bote vom sardischen Ufer,
  Sagte: „Dein Bruder kehrt bald aus der Verbannung zurück."

Das gleiche Ehepaar

Ihr seid einander gleich im Denken und Beginnen;
Du hast das schlimmste Weib, sie hat den schlimmsten Mann.
Drum weiß ich wahrlich nicht die Ursach auszusinnen,
Warum dies gleiche Paar sich nicht vertragen kann.

An einen Priapus

Du, kein Hüter im vollen Weinberg oder
Garten, sondern im kahlen Forst, aus dem du
Selbst entstandest und noch entstehn kannst, wehre,
O Priapus, den räuberischen Händen!
Nimm den Busch für den Herd des Herrn in Obacht!
Fehlt ihm Holz, so bedenke, was du selbst bist!

Die wahre Trauer

Traurig soll Aulus geworden sein, weil er keine Geschenke
  Zum Saturnalienfest mir – wie sonst immer – gesandt?

An sit Athenagoras tristis, Faustine, videbo:
  Me certe tristem fecit Athenagoras.

VIII. 43

Effert uxores Fabius, Chrestilla maritos,
  Funereamque toris quassat uterque facem.
Victores committe, Venus: quos iste manebit
  Exitus, una duos ut Libitina ferat.

VIII. 44

Titulle, moneo, vive: semper hoc serum est;
Sub paedagogo coeperis licet, serum est.
At tu, miser Titulle, nec senex vivis,
Sed omne limen conteris salutator
Et mane sudas urbis osculis udus,
Foroque triplici sparsus ante equos omnis
Aedemque Martis et colosson Augusti
Curris per omnes tertiasque quintasque.
Rape, congere, aufer, posside: relinquendum est.
Superba densis arca palleat nummis,
Centum explicentur paginae Kalendarum,
Iurabit heres, te nihil reliquisse,
Supraque pluteum te iacente vel saxum,
Fartus papyro dum tibi torus crescit,
Flentes superbus basiabit eunuchos;
Tuoque tristis filius, velis nolis,
Cum concubino nocte dormiet prima.

Ich will sehen, ob Aulus wirklich traurig geworden;
   Aber daß Aulus mich selbst traurig gemacht hat, ist wahr.

Das passende Ehepaar

Die sechste Frau begrub Kardan,
Xantilla schon den sechsten Mann.
O, Vater Hymen, komm und stifte
Ein Bündnis für die zwei – sie sind einander wert –,
Damit an seinem eignen Gifte
Sich endlich dieses Basiliskenpaar verzehrt!

Sinnlose Geschäftigkeit

Lebe, Tibullus! Immer lebt man zu spät.
Fängt man als Kind damit an – schon ist es zu spät.
Doch, du Armer, du lebst auch als Greis noch nicht!
Demütig putzt du die Schuh dir vor jeder Tür,
Morgens schon schwitzt du, jedermann küßt dich feucht,
Jagst zerstreut von drei Uhr herum bis um fünf
Über die Foren dahin zum Augustus-Koloß,
Weiter zu jedem Denkmal, zum Tempel des Mars.
Raffe, schachere, scharre – doch alles bleibt hier!
Wenn auch der pralle Geldsack vor Stolz zerplatzt,
Wenn du am Ersten hundertmal Zinsen bekommst,
Schwört doch dein Erbe, er hätte gar nichts gekriegt.
Kaum aber liegst du auf deinem Totenbett,
Während dein schilfgefülltes Polster noch wächst,
Küßt er übermütig die weinende Schar;
Und dein „trauernder Sohn“, ob du willst oder nicht,
Geht in der ersten Nacht schon zu deinem Freund.

VIII. 47

Pars maxillarum tonsa est tibi, pars tibi rasa est,
    Pars vulsa est. Unum quis putat esse caput?

VIII. 51 (49)

Formosam sane, sed caecus diligit Asper.
    Plus ergo, ut res est, quam videt Asper amat.

VIII. 52

Tonsorem puerum, sed arte talem,
Qualis nec Thalamus fuit Neronis,
Drusorum cuï contigere barbae,
Aequandas semel ad genas rogatus
Rufo, Caediciane, commodavi.
Dum iussus repetit pilos eosdem,
Censura speculi manum regente,
Expingitque cutem facitque longam
Detonsis epaphaeresin capillis,
Barbatus mihi tonsor est reversus.

VIII. 54 (53)

Formosissima quae fuere vel sunt,
Sed vilissima quae fuere vel sunt,
O quam te fieri, Catulla, vellem
Formosam minus aut magis pudicam!

Vexierbild

Teils ist dein Bärtchen rasiert, zum andern Teil ist er beschnitten,
Teils ist er ausgerupft. Ist das ein einziger Kopf?

Blinde Liebe

Schön ist das Mädchen fürwahr, das der blinde Asper erwählt hat.
Mehr liebt Asper daher, als er zu sehen vermag.

Zu gewissenhaft

Einen Sklaven, der so geschickt den Bart schor
Wie selbst Thalamus nicht, des Nero Diener,
Der die Bärte des Drusus pflegen mußte,
Lieh ich, Cädicianus, jüngst dem Rufus,
Um die Wangen ihm einmal glatt zu machen.
Rufus läßt sich zum zweiten Male scheren
Und verfolgt mit dem Spiegel jeden Handgriff.
Wie der Scherer nun Haar um Härchen ausgrub,
Auch geschorene immer wieder mitnahm,
Kam er selber zuletzt mit Bart nach Hause.

Frommer Wunsch

Du schönstes Weibesbild von allen, die man findt,
Und ärgstes deren auch, die irgend unkeusch sind,
Wie herzlich wünscht' ich dir, daß du weit minder fein,
Katulla, oder doch mehr möchtest züchtig sein!

Tres habuit dentes, pariter quos expuit omnes,
    Ad tumulum Picens dum sedet ipse suum;
Collegitque sinu fragmenta novissima laxi
    Oris et aggesta contumulavit humo.
Ossa licet quondam defuncti non legat heres:
    Hoc sibi iam Picens praestitit officium.

Aspicis hunc uno contentum lumine, cuius
    Lippa sub attrita fronte lacuna patet?
Ne contemne caput, nihil est furacius illo;
    Non fuit Autolyci tam piperata manus.
Hunc tu convivam cautus servare memento:
    Tunc furit atque oculo luscus utroque videt:
Pocula solliciti perdunt ligulasque ministri
    Et latet in tepido plurima mappa sinu;
Lapsa nec a cubito subducere pallia nescit
    Et tectus laenis saepe duabus abit;
Nec dormitantem vernam fraudare lucerna
    Erubuit fallax, ardeat illa licet.
Si nihil invasit, puerum tunc arte dolosa
    Circuit et soleas subripit ipse suas.

Summa Palatini poteras aequare colossi,
    Si fieres brevior, Claudia, sesquipede.

Ossilegium vor dem Tode

Drei Zähne hatte Picens noch und spie,
Bei seinem Grabe sitzend, sie heraus.
Er hob sie auf, begrub sie, deckte sie,
Die Reste seines Mauls, mit Erde zu.
Kein Erbe sammelt künftig sein Gebein:
Er hat sich diesen Dienst schon selbst getan.

Auf einen einäugigen Dieb

Siehst du den Mann, welcher nur ein Auge braucht, dem die weite
    Höhlung unter der schamlosesten Stirn nur so trieft?
Achte den Kopf nicht geringe! So diebisch wie der ist kein andrer,
    Und so klebrig wie die war nicht Autolykus' Hand.
Bei der Tafel beobacht' ihn scharf, dann ist er am ärgsten;
    So einäugig er ist, hat er der Augen dann zwei.
Becher und Löffel verlieren bei ihm die sorgsamsten Diener;
    Manches Tischgedeck schon hat er am Busen gewärmt.
Ja, den entfallenen Überwurf zieht er dir unter dem Arm fort
    Und geht öfter mit zwei Mänteln behangen davon.
Auch die Knechte des Hauses schämt er sich nicht zu betrügen;
    Selbst das brennende Licht nimmt er den Schlafenden weg.
Kann er gar nichts erhaschen, so schleicht er erst lang um den Sklaven
    Lauernd herum und maust endlich die Sohlen ihm weg.

Ansehnlich

Du wärst im ganzen grad so groß
Wie der Koloß am Kaiserschloß,
Wärst du, Klaudine, einen Fuß
Und einen halben kürzer bloß.

VIII. 61

Livet Charinus, rumpitur, furit, plorat
Et quaerit altos, unde pendeat, ramos:
Non iam quod orbe cantor et legor toto,
Nec umbilicis quod decorus et cedro
Spargor per omnes Roma quas tenet gentes:
Sed quod sub urbe rus habemus aestivum
Vehimurque mulis non, ut ante, conductis.
Quid inprecabor, o Severe, liventi?
Hoc opto: mulas habeat et suburbanum.

VIII. 62

Scribit in aversa Picens epigrammata charta,
  Et dolet, averso quod facit illa deo.

VIII. 64

Ut poscas, Clyte, munus exigasque,
Uno nasceris octiens in anno
Et solas, puto, tresve quattuorve
Non natalicias habes Kalendas.
Sit vultus tibi levior licebit
Tritis litoris aridi lapillis,
Sit moro coma nigrior caduco,
Vincas mollitia tremente plumas
Aut massam modo lactis alligati,
Et talis tumor excitet papillas,
Qualis cruda viro puella servat,
Tu nobis, Clyte, iam senex videris:

Der geringste Besitz

Charinus will vor Neid zerbersten, rast, jammert
Und sucht sich einen hohen Ast zum Aufhängen:
Nicht weil die ganze Welt mich liest und vorsinget
Noch weil mein Buch mit Zedernöl und Zierraten
Bei allen Völkern, welche Rom beherrscht, ausliegt:
Nein, weil ich vor der Stadt im Sommer Land habe
Und nicht, wie früher, fahren muß mit Mietseseln.
Was soll ich, mein Sever, dem Neidhart anwünschen?
Das wünsch' ich ihm: ein Sommerhaus und Maulesel.

Kein Wunder

Auch auf den Rücken des Blatts schreibt Picens noch Epigramme,
Und er beklagt sich, der Gott kehre den Rücken ihm zu.

Der Geschenkejäger

Klytus, um ein Geschenk mir abzujagen,
Wirst du achtmal in einem Jahr geboren.
Kaum drei Monate oder vier im Jahre
Gibt's, in denen du nicht Geburtstag hättest.
Dein Gesicht mag so glatt wie am Gestade
Die geriebenen Steinchen und dein dichtes
Haupthaar schwarz wie des Maulbeerbaums gefallne
Frucht, die Wangen so weich wie Flaum sein oder
Frisch geronnener Milchrahm und die Wärzchen
So geschwollen wie die von einer Jungfer,
Die dem Bräutigam diesen Schatz verwahrt hat –
Dennoch hast du für mich ein hohes Alter;

Tam multos quis enim fuisse credat
Natalis Priamive Nestorisve?
Sit tandem pudor et modus rapinis.
Quod si ludis adhuc semelque nasci
Uno iam tibi non sat est in anno,
Natum te, Clyte, nec semel putabo.

VIII. 68

Qui Corcyraei vidit pomaria regis,
　　Rus, Entelle, tuae praeferet ille domus.
Invida purpureos urat ne bruma racemos
　　Et gelidum Bacchi munera frigus edat,
Condita perspicua vivit vindemia gemma,
　　Et tegitur felix nec tamen uva latet:
Femineum lucet sic per bombycina corpus,
　　Calculus in nitida sic numeratur aqua.
Quid non ingenio voluit natura licere?
　　Autumnum sterilis ferre iubetur hiems.

VIII. 69

Miraris veteres, Vacerra, solos,
Nec laudas nisi mortuos poetas.
Ignoscas petimus, Vacerra: tanti
Non est, ut placeam tibi, perire.

VIII. 71

Quattuor argenti libras mihi tempore brumae
　　Misisti ante annos, Postumiane, decem,

Denn so viele Geburtstag' hätte niemand
Einem Nestor und Priam zugebilligt.
Klytus, schäme dich und hör auf zu rauben!
Spielst du länger so fort und willst im Jahre
Nicht bloß einmal geboren sein, so bist du
Auch nicht e i n mal für mich geboren, Klytus!

Das Gewächshaus

Der Korkyräer Fürst hat Gärten, groß und schön;
Ein schönerer, Entell, ist um dein Haus zu sehn.
Damit der Winter nicht die Purpurtraube brenne
Und Bacchus' Gabe nie durch Kälte leiden könne,
Wird von durchsichtigem Kristall sie zugedeckt;
Die Reben stehn verhüllt und dennoch nicht versteckt.
So scheint durch zartes Zeug der Frauen weiße Haut,
So wird ein Kieselstein im klaren Bach geschaut.
Was konnte die Natur der Klugheit wohl versagen?
Der dürre Winter muß den reichen Herbst hier tragen.

An den Vax

Du lobest Tote nur? Vax, deines Lobes wegen
Hab' ich blutwenig Lust, mich bald ins Grab zu legen.

Vom Schenken

Vier Pfund Silbergerät hast du mir zur Zeit des Dezembers
Vor zehn Jahren, mein Freund Postumianus, geschickt.

Speranti plures – nam stare aut crescere debent
    Munera – venerunt plusve minusve duae;
Tertius et quartus multo inferiora tulerunt;
    Libra fuit quinto Septiciana quidem;
Besalem ad scutulam sexto pervenimus anno;
    Post hunc in cotula rasa selibra data est;
Octavus ligulam misit sextante minorem;
    Nonus acu levius vix cocleare tulit.
Quod mittat nobis decumus iam non habet annus:
    Quattuor ad libras, Postumiane, redi.

VIII. 72

Nondum murice cultus asperoque
Morsu pumicis aridi politus
Arcanum properas sequi, libelle.
Quem pulcherrima iam redire Narbo,
Docti Narbo Paterna Votieni,
Ad leges iubet annuosque fasces:
Votis quod paribus tibi petendum est,
Continget locus ille et hic amicus.
Quam vellem fieri meus libellus!

VIII. 73

Instanti, quo nec sincerior alter habetur
    Pectore nec nivea simplicitate prior,
Si dare vis nostrae vires animosque Thaliae
    Et victura petis carmina, da quod amem.

Später zählt' ich auf mehr – denn Geschenke müssen so bleiben
   Oder wachsen –, doch kam etwa die Hälfte nur an.
Noch viel weniger gab's im dritten Jahr und im vierten;
   Ein entwertetes Pfund hat mir das fünfte gebracht.
Bis auf ein Schälchen kam's, acht Unzen wiegend, im sechsten;
   Knapp sechs Unzen schwer, gab es ein Mäßchen darauf.
Einen Löffel von nicht zwei Unzen gabst du im achten;
   Ein Eilöffelchen dann, leichter als Nadeln, kam an.
Siehe, im zehnten Jahr hast du nichts mir weiter zu schicken:
   Kehre zu vier Pfund jetzt, Postumianus, zurück!

An sein Buch

Du, mein Büchlein, noch nicht geziert mit Purpur,
Nicht geglättet mit scharfem Bimsstein, eilest
Dem Arkanus zu folgen, den sein Narbo
Zur Verwaltung der Rechte wieder abruft
Und zum jährlichen Konsularamt – Narbo,
Der Geburtsort des Dichters Votienus.
Jetzo kannst du zwei wünschenswerte Dinge,
Einen trefflichen Ort und Freund, genießen.
Gerne wär' ich mein kleines Büchlein selber!

Mut zu neuen Liedern und Tänzen

Rufus Instantius, deine schlichte Einfalt des Herzens
   Und dein reines Gemüt ist mir teuer und lieb!
Willst du Mut und Kräfte meinem Gesange zu Liedern
   Geben, die dauern, so gib erst mir ein Liebchen, mein Freund!

Cynthia te vatem fecit, lascive Properti;
  Ingenium Galli pulchra Lycoris erat;
Fama est arguti Nemesis formosa Tibulli;
  Lesbia dictavit, docte Catulle, tibi:
Non me Paeligni nec spernet Mantua vatem,
  Si qua Corinna mihi, si quis Alexis erit.

VIII. 74

Oplomachus nunc es, fueras opthalmicus ante.
  Fecisti medicus quod facis oplomachus.

VIII. 76

„Dic verum mihi, Marce, dic amabo;
Nil est, quod magis audiam libenter.“
Sic et cum recitas tuos libellos,
Et causam quotiens agis clientis,
Oras, Gallice, me rogasque semper.
Durum est me tibi, quod petis, negare.
Vero verius ergo quid sit, audi:
Verum, Gallice, non libenter audis.

VIII. 77

Liber, amicorum dulcissima cura tuorum,
  Liber, in aeterna vivere digne rosa,
Si sapis, Assyrio semper tibi crinis amomo
  Splendeat et cingant florea serta caput;
Candida nigrescant vetulo crystalla Falerno
  Et caleat blando mollis amore torus.

Du, verliebter Properz, du wurdest durch Cynthia Dichter,
  Gallus zum witzigen Kopf, schöne Lykoris, durch dich.
Meisterhafter Katull, dich lehrte Lesbia schreiben;
  Dein Ruhm, sanfter Tibull, blühet durch Nemesis' Reiz.
Mich wird Sulmo, mich Mantua preisen, sobald nur den Dichter
  Eine Korinna beglückt, ihn ein Alexis erfreut.

Gleiches Metier

Früher ein Augenarzt, bist heute du Fechter geworden.
  Was du als Fechter tust, hast du als Arzt auch getan.

Die Wahrheit

„Ich bitte, sage mir die Wahrheit doch!
Die Wahrheit, lieber Markus, hör' ich gern!"
So bittest du, so flehst du sehnlich mich,
Es sei, du deklamierest deine Schrift,
Es sei, du führst Prozesse vor Gericht.
Dir etwas abzuschlagen, ist mir schwer.
So höre denn, was wahrer ist als wahr:
Die Wahrheit, Gallikus, hörst du nicht gern.

Freundesrat

Liber, süßestes Ziel für deiner Freunde Gedanken,
  Liber, der du verdienst, ewig auf Rosen zu gehn:
Salbe mit syrischer Narde dir täglich die glänzenden Locken
  Und umwinde mit frisch blühenden Kränzen die Stirn.
Färbe das helle Kristall durch alten Falernerwein dunkel,
  Und dein schwellendes Bett wärme der Liebe Genuß.

Qui sic vel medio finitus vixit in aevo,
  Longior huic facta est, quam data vita fuit.

VIII. 79

Omnes aut vetulas habes amicas
Aut turpes vetulisque foediores.
Has ducis comites trahisque tecum
Per convivia, porticus, theatra.
Sic formosa, Fabulla, sic puella es.

IX. 6 (7)

Dicere de Libycis reduci tibi gentibus, Afer,
  Continuis volui quinque diebus Have:
„Non vacat" aut „dormit" dictum est bis terque reverso.
  Iam satis est: non vis, Afer, havere: vale.

IX. 7 (8)

Tamquam parva foret sexus iniuria nostri
  Foedandos populo prostituisse mares,
Iam cunae lenonis erant, ut ab ubere raptus
  Sordida vagitu posceret aera puer:
Inmatura dabant infandas corpora poenas.
  Non tulit Ausonius talia monstra pater,
Idem qui teneris nuper succurrit ephebis,
  Ne faceret steriles saeva libido viros.
Dilexere prius pueri iuvenesque senesque,
  At nunc infantes te quoque, Caesar, amant.

Wenn du so gelebt hast und stirbst in der Mitte der Jahre,
   Hast du ein längeres Ziel, als dir gesetzt war, erreicht.

Unter Blinden ist der Einäugige König

Alte Freundinnen hast du immer oder
Äußerst häßliche – schlimmer noch als alte:
Diese schleppst du mit dir nun ins Theater,
Zu Banketten und in die Säulengänge.
Ja, nun bist du noch jung und schön, Fabulla!

Auf den hochmütigen Afer

Afer, seitdem du aus Libyen wieder nach Rom dich gewandt hast,
   Hab' ich fünf Tage hindurch dich zu begrüßen gesucht.
Fünfmal sprach man: „Er schläft, hat nicht Zeit." Genug für
                                                    mich, Afer!
   Willst du nicht „Guten Tag!" hören, so höre: „Leb wohl!"

Sittliche Erneuerung

Gleich als wäre zu klein die Schande unsres Geschlechtes,
   Daß man zu schändlicher Lust Männer dem Volke bot,
Gab man schon Kinder dem Kuppler preis, daß, den Brüsten entrissen,
   Wimmernde Knaben bereits forderten schmutziges Geld.
Leiber, noch unreif, sind in verruchter Weise gemißbraucht. –
   Latiums Vater ertrug länger das Scheußliche nicht,
Er, der mit rettender Hand jüngst zarten Jünglingen beistand,
   Daß nicht ekle Begier raube die männliche Kraft.
Früher verehrte der Greis und der Jüngling dich und der Knabe,
   Jetzt, o Kaiser, jedoch lieben die Kinder dich auch.

IX. 9 (10)

Cenes, Canthare, cum foris libenter,
Clamas et maledicis et minaris.
Deponas animos truces, monemus:
Liber non potes et gulosus esse.

IX. 10 (5)

Nubere vis Prisco: non miror, Paula: sapisti.
  Ducere te non vult Priscus: et ille sapit.

IX. 11

Nomen cum violis rosisque natum,
Quo pars optima nominatur anni,
Hyblam quod sapit Atticosque flores,
Quod nidos olet alitis superbae;
Nomen nectare dulcius beato,
Quo mallet Cybeles puer vocari
Et qui pocula temperat Tonanti,
Quod si Parrhasia sones in aula,
Respondent Veneres Cupidinesque;
Nomen nobile, molle, delicatum
Versu dicere non rudi volebam:
Sed tu syllaba contumax rebellas.
Dicunt Eiarinon tamen poetae,
Sed Graeci, quibus est nihil negatum
Et quos Ἄρες Ἄρες decet sonare:
Nobis non licet esse tam disertis,
Qui Musas colimus severiores.

Entweder – oder

Du lärmst, du schimpfst, du drohst sogar,
Und speisest doch so gern an fremdem Tisch, Hilar!
Ich rate dir, hör' auf zu trotzen:
Man darf kein freier Mann sein und zugleich schmarotzen.

Zwei Kluge

Priskus möchtest du frein: Mich wundert's nicht – klug bist du, Paula!
Aber er nimmt dich nicht: Priskus ist ebenso klug.

Der unmetrische Name

Name – Bruder der Rosen und der Veilchen,
Der den lieblichsten Teil des Jahrs bezeichnet,
Der nach attischen Blüten und nach Honig,
Nach dem Neste des Vogels Phönix duftet;
Name – süßer als unsrer Götter Nektar,
Den der Kybele Knabe gerne trüge,
Ganymed auch, der Zeus die Weine mischte –
Im Palaste des Kaisers laß dich hören,
Und Kupido und Venus geben Antwort!
Edler, zärtlicher, wonnereicher Name,
Nennen wollt' ich dich gern in feinem Verse:
Aber hartnäckig widerstrebt die Silbe.
Freilich: Eiarinós heißt's bei den Dichtern,
Doch sind's Griechen, die alles sich erlauben
Und die „Áres! Arés!" auch sagen dürfen.
Uns ist's nicht mehr gestattet, so zu dichten,
Die wir strengeren Musen unsern Dienst weihn.

IX. 14

Hunc, quem mensa tibi, quem cena paravit amicum,
  Esse putas fidae pectus amicitiae?
Aprum amat et mullos et sumen et ostrea, non te.
  Tam bene si cenem, noster amicus erit.

IX. 15

Inscripsit tumulis septem scelerata virorum
  „Se fecisse" Chloe. Quid pote simplicius?

IX. 18

Est mihi – sitque precor longum te praeside, Caesar –
  Rus minimum, parvi sunt et in urbe lares.
Sed de valle brevi, quas det sitientibus hortis,
  Curva laboratas antlia tollit aquas:
Sicca domus queritur nullo se rore foveri,
  Cum mihi vicino Marcia fonte sonet.
Quam dederis nostris, Auguste, penatibus undam,
  Castalis haec nobis aut Iovis imber erit.

IX. 19

Laudas balnea versibus trecentis
Cenantis bene Pontici, Sabelle.
Vis cenare, Sabelle, non lavari.

IX. 25

Dantem vina tuum quotiens aspeximus Hyllum,
  Lumine nos, Afer, turbidiore notas.

Tischfreundschaft

Vermeinst du wohl, daß der ein treues Herze sei,
Den dir zum Freunde macht dein' ofte Gasterei?
Dein' Austern liebt er nur, dein Wildbret, gar nicht dich;
Auch mein Freund würd' er bald, wann so wie du leb' ich.

Aufrichtig

Chloe, die schändliche, schrieb auf das Grab ihrer sieben Gemahle:
„Chloe hat es gemacht." Kann man wohl ehrlicher sein?

Kleine Bitte

Kaiser, ich hab' – und mir bleib' es mit deinem Schutze noch lange –
Ein klein Gütchen, ein klein Häuschen dazu in der Stadt.
Aber aus seichtem Tal, das die dürstenden Gärten versorget,
Schöpfet ein leckes Werk Wasser mit Mühe herauf:
Lechzend jammert mein Haus, daß gar kein Tau es erquicke,
Während mir nahe vorbei rauschet der marzische Quell.
Gäbst du, Augustus, daraus ein wenig meinem Gehöfte,
Soll's der kastalische Quell, Jupiters Regen mir sein.

Auf einen Schmarotzer

In mehr als hundert Versen preiset
Der Dichter Chörilus das Bad des Epikur,
Des Mannes, der am besten speiset. –
Du willst nicht baden, Chörilus, dich hungert nur!

Kein Verbrechen

Wenn ich den Hyllus, der uns bei deinem Mahle den Wein schenkt,
Anseh', dann zeigst du mir, Afer, ein finstres Gesicht.

Quod, rogo, quod scelus est, mollem spectare ministrum?
  Aspicimus solem, sidera, templa, deos.
Avertam vultus, tamquam mihi pocula Gorgon
  Porrigat atque oculos oraque nostra petat?
Trux erat Alcides, et Hylan spectare licebat;
  Ludere Mercurio cum Ganymede licet.
Si non vis teneros spectet conviva ministros,
  Phineas invites, Afer, et Oedipodas.

IX. 29

Saecula Nestoreae permensa, Philaeni, senectae,
  Rapta es ad infernas tam cito Ditis aquas?
Euboicae nondum numerabas longa Sibyllae
  Tempora: maior erat mensibus illa tribus.
Heu quae lingua silet! non illam mille catastae
  Vincebant, nec quae turba Sarapin amat,
Nec matutini cirrata caterva magistri,
  Nec quae Strymonio de grege ripa sonat.
Quae nunc Thessalico lunam deducere rhombo,
  Quae sciet hos illos vendere lena toros?
Sit tibi terra levis mollique tegaris harena,
  Ne tua non possint eruere ossa canes.

IX. 30

Cappadocum saevis Antistius occidit oris
  Rusticus. O tristi crimine terra nocens!
Rettulit ossa sinu cari Nigrina mariti
  Et questa est longas non satis esse vias;

Welches Verbrechen ist's denn, nach reizenden Dienern zu schauen?
    Sehen wir Sonne und Mond, Tempel und Götter doch an!
Soll ich den Blick abwenden, als wenn mir Gorgo den Becher
    Reichte, welche das Aug' und das Gesicht uns bedroht?
Herkules selbst, der grimme, ließ seinen Hylas betrachten,
    Tändeln hat auch Merkur mit Ganymedes gedurft.
Wünschest du, daß dein Gast keine hübschen Diener beschaue,
    Lade den Phineus dir ein, Ödipus bitte zu Tisch!

Eine Grabschrift

Ach, Philänis, so alt wie Nestor bist du geworden;
    Nun aber hat dich gar schnell Pluto hinuntergeholt!
Zähltest noch nicht so viel Jahre wie jene Sibylle von Kumä:
    Die war gewißlich um drei Monate älter als du.
Wehe, welch Mundwerk schweigt nun! Es überbrüllten dich keine
    Tausend Märkte und kein Isispriestergeschrei,
Keine Wuschelkopfbande, die morgens den Lehrer belästigt,
    Und kein Kranichgekrächz, welches das Ufer erfüllt.
Wer kann jetzo den Mond mit thessalischem Zauber herabziehn?
    Wer verkuppelt nunmehr jeden in jegliches Bett?
Sei die Erde dir leicht, mag lockerer Sand dich bedecken,
    Daß der Hund dein Skelett ja wieder ausscharren kann!

Gattenliebe

Kappadoziens grimmige Waffen ermorden den sanften
    Landmann Antistius. O böses, verderbliches Land!
Und Nigrina trägt die Gebeine des teuersten Gatten
    Wieder zurück und klagt über die Kürze des Wegs,

Cumque daret sanctam tumulis, quibus invidet, urnam,
Visa sibi est rapto bis viduata viro.

IX. 32

Hanc volo, quae facilis, quae palliolata vagatur,
  Hanc volo, quae puero iam dedit ante meo,
Hanc volo, quam redimit totam denarius alter,
  Hanc volo, quae pariter sufficit una tribus.
Poscentem nummos et grandia verba sonantem
  Possideat crassae mentula Burdigalae.

IX. 35

Artibus his semper cenam, Philomuse, mereris,
  Plurima dum fingis, sed quasi vera refers.
Scis, quid in Arsacia Pacorus deliberet aula,
  Rhenanam numeras Sarmaticamque manum,
Verba ducis Daci chartis mandata resignas,
  Victricem laurum quam venit ante vides,
Scis, quotiens Phario madeat Iove fusca Syene,
  Scis, quota de Libyco litore puppis eat,
Cuius Iuleae capiti nascantur olivae,
  Destinet aetherius cui sua serta pater.
Tolle tuas artes; hodie cenabis apud me
  Hac lege, ut narres nil, Philomuse, novi.

IX. 40

Tarpeias Diodorus ad coronas
Romam cum peteret Pharo relicta,

Glaubt nun, als sie die Urne, von der sie so schmerzlich sich trennet,
  Ihrem Grab übergibt, zweimal verwitwet zu sein.

Anspruchslos

Die begehr' ich, die leicht, die ein Mäntelchen tragend, flanieret,
  Die begehr' ich, die schon früher mein Diener gehabt;
Die begehr' ich, die ganz man mit zwei Denaren gekauft hat,
  Die begehr' ich, die drei Männer befriedigt zugleich.
Eine, die viel Geld verlangt und mit großen Worten herumwirft,
  Laß ich zum Zeitvertreib gern feisteren Herrn aus Bordeaux.

Hans Dampf in allen Gassen

Das sind die Künste, wodurch du dir manche Mahlzeit verdient hast:
  Daß du was Neues erdenkst und es als Wahrheit erzählst.
Was in Parthien König Pakorus jetzt ratschlagt, das weißt du,
  Zählst die Truppen am Rhein, zählst das sarmatische Heer;
Den geheimen Befehl des dazischen Feldherrn erbrichst du,
  Kennst die Botschaft vom Sieg, ehe der Sieg noch vollbracht,
Weißt, wie oft es der Himmel am oberen Nile läßt regnen,
  Weißt, das wievielste Schiff Libyens Ufer verläßt,
Weißt auch, für wessen Haupt der Zweig des julischen Ölbaums
  Grünet und wem des Olymps Herrscher sein Eichenlaub gönnt.
Weg mit deinen Künsten, Philen! Heut sollst du mein Gast sein;
  Doch beding' ich mir aus, daß du nichts Neues erzählst.

Der säumige Gatte

Als nach Rom zu den kapitolschen Spielen
Diodorus aus Pharus ging, gelobte,

Vovit pro reditu viri Philaenis,
Illam lingeret ut puella simplex,
Quam castae quoque diligunt Sabinae.
Dispersa rate tristibus procellis
Mersus fluctibus obrutusque ponto
Ad votum Diodorus enatavit.
O tardus nimis et piger maritus!
Hoc in litore si puella votum
Fecisset mea, protinus redissem.

IX. 46

Gellius aedificat semper: modo limina ponit,
    Nunc foribus claves aptat emitque seras,
Nunc has, nunc illas reficit mutatque fenestras;
    Dum tantum aedificet, quidlibet ille facit –
Oranti nummos ut dicere possit amico
    Unum illud verbum Gellius „Aedifico.“

IX. 48

Heredem cum me partis tibi, Garrice, quartae
    Per tua iurares sacra caputque tuum,
Credidimus – quis enim damnet sua vota libenter? –
    Et spem muneribus fovimus usque datis.
Inter quae rari Laurentem ponderis aprum
    Misimus: Aetola de Calydone putes.
At tu continuo populumque patresque vocasti,
    Ructat adhuc aprum callida Roma meum:

Wenn ihr Gatte zurückgekehrt, Philänis,
Küssen wolle sie den als ehrlich Weiblein,
Den auch keusche Sabinerinnen lieben.
Da das Schiff durch den Sturm zerschmettert wurde,
Kam, ins Meer gestürzt und bedeckt mit Wogen,
Schwimmend heim zum Gelübde Diodorus.
O du säumiger, o du träger Gatte!
Hätt' am Ufer der See für mich mein Mädchen
Dies Gelübde getan – ich kehrte gleich um!

Grund der Hausreparatur

Stets bauet Gellius, legt bald die Schwellen besser,
Macht an den Türen was und kaufet neue Schlösser,
Hängt bald die Fenster aus und hängt sie anders an,
Nimmt dies, nimmt jenes vor, damit er bauen kann,
Damit, begehrt ein Freund, daß er ihm Geld vertraue,
Freund Gellius dies Wort nur sagen kann: „Ich baue!"

Enttäuschung

Mir von deinem Gut den vierten Teil zu vermachen,
    Schwurst du bei deinem Haupt, schwurst du beim Himmel mir zu.
Und ich glaubte es dir; wer verschmähte gern eigene Wünsche?
    Ja, die Hoffnung dazu nährt' ich durch manches Geschenk;
Sandte dir unter anderm den größten laurentischen Eber;
    Jeder hätte geglaubt, daß er aus Kalydon sei.
Hurtig ludest du Volk und Väter des Volkes zusammen –
    Das feinzüngige Rom schmecket den Braten noch heut' –

Ipse ego, – quis credat? – conviva nec ultimus haesi,
   Sed nec costa data est caudave missa mihi.
De quadrante tuo quid sperem, Garrice? Nulla
   De nostro nobis uncia venit apro.

IX. 50

Ingenium mihi, Gaure, probas sic esse pusillum,
   Carmina quod faciam, quae brevitate placent.
Confiteor. Sed tu bis senis grandia libris
   Qui scribis Priami proelia, magnus homo es?
Nos facimus Bruti puerum, nos Langona vivum:
   Tu magnus luteum, Gaure, Giganta facis.

IX. 52

Si credis mihi, Quinte, quod mereris,
Natales, Ovidi, tuas Aprilis
Ut nostras amo Martias Kalendas.
Felix utraque lux diesque nobis
Signandi melioribus lapillis!
Hic vitam tribuit, sed hic amicum.
Plus dant, Quinte, mihi tuae Kalendae.

IX. 53

Natali tibi, Quinte, tuo dare parva volebam
   Munera; tu prohibes: inperiosus homo es.
Parendum est monitis, fiat quod uterque volemus
   Et quod utrumque iuvat: tu mihi, Quinte, dato.

Ich nur – unglaublich! – ward gar nicht, auch nicht als ein Anhang
                                                    geladen;
  Auch nicht Rippe, nicht Schwanz ward mir nach Hause gesandt.
Gallikus, hab' ich ein Viertel von deinem Vermögen zu hoffen,
  Da ich von meinem Schwein auch nicht ein Zwölftel bekam?

Das kleine und das große Talent

Daß mein Talent sehr klein, beweisest du, Gaurus, mir daraus,
  Daß so überaus kurz meine Gedichte nur sind.
Gerne bekenn' ich's; doch du, der du Priamus' mächtige Schlachten
  In zwölf Büchern besingst, bist ein gewaltiger Mann.
Ich schreibe etwas voll Leben: des Brutus Knaben, den Langon;
  Gaurus, du Großer, du baust einen Giganten aus Ton.

Der Freund

  Daß ich deinen Geburtstag im Aprilmond
  So sehr liebe wie meine Märzkalenden,
  Das, Ovidius, glaub mir, das verdienst du.
  Beide Tage sind meine Freudenfeste;
  Mit den weißesten Steinen zeichn' ich beide.
  Dieser schenkte das Leben, der den Freund mir;
  Dein Geburtstag jedoch gab mir das Beste.

Dem Freunde zum Geburtstag

Kleine Geburtstagsgeschenke wollt' ich dir senden, mein Quintus!
  Du verbietest es mir; du bist ein herrischer Mann.
Ich muß gehorchen. Wohlan, so geschehe, was beide gebieten
  Und was uns beiden gefällt: Sende du mir ein Geschenk!

Luce propinquorum, qua plurima mittitur ales,
  Dum Stellae turdos, dum tibi, Flacce, paro,
Succurrit nobis ingens onerosaque turba,
  In qua se primum quisque meumque putat.
Demeruisse duos votum est; offendere plures
  Vix tutum; multis mittere dona grave est.
Qua possum sola veniam ratione merebor:
  Nec Stellae turdos nec tibi, Flacce, dabo.

In Saeptis Mamurra diu multumque vagatus,
  Hic ubi Roma suas aurea vexat opes,
Inspexit molles pueros oculisque comedit,
  Non hos, quos primae prostituere casae,
Sed quos arcanae servant tabulata catastae
  Et quos non populus nec mea turba videt.
Inde satur mensas et opertos exuit orbes
  Expositumque alte pingue poposcit ebur,
Et testudineum mensus quater hexaclinon
  Ingemuit citro non satis esse suo.
Consuluit nares, an olerent aera Corinthon,
  Culpavit statuas et, Polyclite, tuas,
Et turbata brevi questus crystallina vitro
  Murrina signavit seposuitque decem.
Expendit veteres calathos et si qua fuerunt
  Pocula Mentorea nobilitata manu,
Et viridis picto gemmas numeravit in auro,
  Quidquid et a nivea grandius aure sonat.

Ausweg

Für das Verwandtschaftsfest, wo man Vögel sendet in Fülle,
  Hielt ich für Stella und dich, Flakkus, die Drosseln bereit.
Plötzlich erscheint mir ein großer und lästiger Haufe, worunter
  Jeder der erste sich dünkt, jeder der Nächste sich nennt.
Mein Wunsch war, daß ich zwei mir verbände; viele zu kränken
  Ist kaum rätlich; zur Last wird's, wenn man viele beschenkt.
Einen Weg, der allein mir Verzeihung bietet, erwähl' ich:
  Weder Stella bekommt, Flakkus, die Drosseln, noch du.

Der große Käufer

Dort am Felde des Mars, wo Rom seine Güter verhandelt,
  Wandelt den langen Tag unser Mamurra herum.
Da besichtigt er erst und verschlingt mit den Augen die jungen
  Knaben – nicht solche, die stets feil auf dem Sklavenmarkt stehn,
Nein, weit feinere, wohl verwahrt im geheimsten Behältnis,
  Die das Volk und die wir arme Poeten nie sehn.
Hiervon gesättigt, nimmt er das Tuch von Tischen und Platten,
  Sieht sich, so hoch es auch liegt, massiges Elfenbein an.
Ein sechssitziges Bett von Schildpatt mißt er wohl viermal
  Und beklagt, daß es nicht für seinen Zitrustisch paßt,
Hält das Metall an die Nase zu forschen, ob's nach Korinth riecht,
  Mäkelt an Polyklets Statuen dauernd herum,
Zeichnet, weil trübe Stellen (so klagt er) im reinen Kristall sind,
  Murragefäße sich aus, legt sich dann zehn davon weg,
Untersuchet genau die Opferschalen der Alten,
  Ob von der kunstvollen Hand Mentors kein Becher dabei,
Zählt den grünen Smaragd, der in goldnes Geschmeide gefaßt ist,
  Und den klappernden Schmuck für ein zierliches Ohr.

Sardonychas vero mensa quaesivit in omni
  Et pretium magnis fecit iaspidibus.
Undecima lassus cum iam discederet hora,
  Asse duos calices emit et ipse tulit.

IX. 66

Uxor cum tibi sit formosa, pudica, puella,
  Quo tibi natorum iura, Fabulle, trium?
Quod petis a nostro supplex dominoque deoque,
  Tu dabis ipse tibi, si potes arrigere.

IX. 68

Quid tibi nobiscum est, ludi scelerate magister,
  Invisum pueris virginibusque caput?
Nondum cristati rupere silentia galli:
  Murmure iam saevo verberibusque tonas.
Tam grave percussis incudibus aera resultant,
  Causidicum medio cum faber aptat equo;
Mitior in magno clamor furit amphitheatro,
  Vincenti parmae cum sua turba favet.
Vicini somnum – non tota nocte – rogamus:
  Nam vigilare leve est, pervigilare grave est.
Discipulos dimitte tuos. Vis, garrule, quantum
  Accipis ut clames, accipere ut taceas?

Dann durchsucht er die Buden nach echtem Sardonyx; um jedes
   Große Jaspisstück feilscht er und setzt ihm den Preis.
Endlich ermüdet bei sinkendem Abend erwirbt er zwei Becher
   Für ein kupfernes As, steckt sie zu sich und geht.

Der direkte Weg

Schön und züchtig und jung ist deine Gattin, Fabullus,
   Und um die Rechte der drei Kinder bemühst du dich doch?
Was du von unserem Herrn und Gott als Gnade erbittest,
   Kannst du dir selber verleihn, wenn du kein Schlappschwanz bist.

An einen Schulmeister

O, du verdammter Schulmonarch, den Knaben ein Greuel
   Und den Mädchen verhaßt! Sage, was taten wir dir?
Ehe die krähenden Hähne die tiefe Stille verjagen,
   Lärmt schon dein rasendes Maul, donnert mit Schlägen die Faust.
So dröhnt wohl auf dem Amboß gehämmertes Erz, wenn der
                                Künstler
   Auf ein Streitroß den Sachwalter Ämilius setzt.
Kreischender war in dem großen Amphitheater der Beifall
   All der Schildfechter nicht, als ihr Gefährte gewann.
Wachen, mein Freund, ist erträglich; sich überwachen, ist schmerz-
                                 lich:
   Nur ein Teilchen der Nacht fordern wir Nachbarn zum Schlaf.
Schließe die Schule doch lieber zu, du elender Schwätzer!
   Was man dir gab, daß du schriest, gibt man dir gern, wenn du
                                  schweigst.

Dixerat „o mores! o tempora!" Tullius olim,
  Sacrilegum strueret cum Catilina nefas,
Cum gener atque socer diris concurreret armis
  Maestaque civili caede maderet humus.
Cur nunc „o mores!", cur nunc „o tempora!" dicis?
  Quod tibi non placeat, Caeciliane, quid est?
Nulla ducum feritas, nulla est insania ferri;
  Pace frui certa laetitiaque licet.
Non nostri faciunt, tibi quod tua tempora sordent,
  Sed faciunt mores, Caeciliane, tui.

Funera post septem nupsit tibi Galla virorum,
  Picentine: sequi vult, puto, Galla viros.

Lector et auditor nostros probat, Aule, libellos,
  Sed quidam exactos esse poeta negat.
Non nimium curo: nam cenae fercula nostrae
  Malim convivis quam placuisse cocis.

Dixerat astrologus periturum te cito, Munna,
  Nec, puto, mentitus dixerat ille tibi.
Nam tu dum metuis, ne quid post fata relinquas,
  Hausisti patrias luxuriosus opes,
Bisque tuum deciens non toto tabuit anno:
  Dic mihi, non hoc est, Munna, perire cito?

Einem Scheinheiligen

Cicero sagte voreinst mit Recht: „O Zeiten, o Sitten!",
    Als zu verruchtem Verrat sich Katilina verschwor,
Als in grausigem Kampf sich Schwäher und Eidam bekriegten,
    Als die Erde im Blut römischer Bürger ertrank.
Was aber regst du heute dich auf: „O Zeiten, o Sitten!"
    Cäcilianus, was ist's, das dir so wenig gefällt?
Feldherrn bedrohen sich nicht, keine Schwerter klirren zusammen;
    Sicherer Friede regiert, Freude beseligt das Land.
Unsere Sitten gewiß sind's nicht, die die Zeit dir verleiden;
    Deinen Sitten gebührt, Cäcilianus, die Schuld.

An den Giftmischer Hermus

Galla, der schon sieben Männer starben, Hermus, freiet dich?
Sie will ihren sieben Männern gerne folgen, dünket mich.

An einen Tadler seiner Gedichte

Leser und Hörer beehren mit Beifall meine Gedichte;
    Nur ein gewisser Poet hält sie für gar nicht gefeilt.
Doch ich bereite mein Gastmahl getrost und bekümmre mich wenig,
    Ob es den Köchen gefällt, wenn es den Gästen nur schmeckt.

Auf den Marius

Dem Marius ward prophezeiet,
Sein Ende sei ihm nah.
Nun lebet er drauf los; verschwelgt, verspielt, verstreuet:
Sein End' ist wirklich da!

IX. 88

Cum me captares, mittebas munera nobis:
　Postquam cepisti, das mihi, Rufe, nihil.
Ut captum teneas, capto quoque munera mitte,
　De cavea fugiat ne male pastus aper.

IX. 96

Clinicus Herodes trullam subduxerat aegro:
　Deprensus dixit „Stulte, quid ergo bibis?“

IX. 97

Rumpitur invidia quidam, carissime Iuli,
　Quod me Roma legit, rumpitur invidia.
Rumpitur invidia, quod turba semper in omni
　Monstramur digito, rumpitur invidia.
Rumpitur invidia, tribuit quod Caesar uterque
　Ius mihi natorum, rumpitur invidia.
Rumpitur invidia, quod rus mihi dulce sub urbe est
　Parvaque in urbe domus, rumpitur invidia.
Rumpitur invidia, quod sum iucundus amicis,
　Quod conviva frequens, rumpitur invidia.
Rumpitur invidia, quod amamur quodque probamur:
　Rumpatur, quisquis rumpitur invidia.

IX. 98

Vindemiarum non ubique proventus
Cessavit, Ovidi; pluvia profuit grandis.
Centum Coranus amphoras aquae fecit.

Der Köder

Als du mich fangen wolltest, erhielt ich immer Geschenke;
  Nun ich gefangen bin, sendest du, Rufus, mir nichts.
Daß der Gefangne dir bleibe, schick' auch dem Gefangnen Geschenke;
  Kärglich gefüttert, entwischt ihrem Koben die Sau.

Nur aus Pflichtgefühl

Einem Kranken entwandte der Arzt Herodes den Schöpfkelch.
  Als er ertappt sich sah, sprach er: „Was trinkst du da, Tor?"

Wenn schon ...

Platzen will jemand vor Neid, mein lieber Julius, weil man
  Mich in der ganzen Stadt liest – er zerplatzt noch vor Neid.
Platzen tut er vor Neid, denn auf allen Gassen und Straßen
  Zeigt man mit Fingern nach mir – ja, er zerplatzt noch vor Neid.
Platzen tut er vor Neid, weil mir die beiden Cäsaren
  Vaterrechte verliehn – ja, er zerplatzt noch vor Neid.
Platzen tut er vor Neid, weil ich draußen ein hübsches Stück Acker
  Und ein Häuschen in Rom habe – er platzt noch vor Neid.
Platzen tut er vor Neid, weil mich meine Freunde gern sehen,
  Weil sie mich öfter zu Gast bitten – er platzt noch vor Neid.
Platzen tut er vor Neid, denn ich werde geliebt und geachtet –
  Mag denn platzen vor Neid jeglicher neidische Schuft!

Gute Nachricht von einer schlechten Weinlese

  Der Herbst war nicht ganz schlecht; zu vielem Segen
  Half manchem noch der ungeheure Regen.
  Dadurch hat wenigstens der Wirt Koran
  An hundert Eimer Wasser eingetan.

Quadringentorum reddis mihi, Phoebe, tabellas:
  Centum da potius mutua, Phoebe, mihi.
Quaere alium, cui te tam vano munere iactes:
  Quod tibi non possum solvere, Phoebe, meum est.

X. 1

Si nimius videor seraque coronide longus
  Esse liber, legito pauca: libellus ero.
Terque quaterque mihi finitur carmine parvo
  Pagina: fac tibi me quam cupis ipse brevem.

X. 5

Quisquis stolaeve purpuraeve contemptor,
Quos colere debet, laesit impio versu,
Erret per urbem pontis exul et clivi,
Interque raucos ultimus rogatores
Oret caninas panis inprobi buccas;
Illi December longus et madens bruma
Clususque fornix triste frigus extendat:
Vocet beatos clamitetque felices,
Orciniana qui feruntur in sponda.
At cum supremae fila venerint horae
Diesque tardus, sentiat canum litem
Abigatque moto noxias aves panno.
Nec finiantur morte supplicis poenae,
Sed modo severi sectus Aeaci loris,
Nunc inquieti monte Sisyphi pressus,

Schuldscheinrabulistik

Phöbus, du schenkst mir den Schein, auf den ich dir vierhundert schulde:
  Borge mir lieber dafür hundert und zwar in bar!
Um mit so unnützen Gaben zu prahlen, suche dir andre:
  Was ich unfähig bin wiederzuzahlen, ist mein.

Das Buch an den Leser

Wenn ich Buch dir zu lang bin, zu spät dir den Schlußschnörkel zeige,
  So lies wenig: Alsdann werd' ich ein Büchelchen sein.
Drei- bis viermal endigt das kurze Gedicht sich auf jeder
  Seite; du kannst mich so klein machen, wie dir es beliebt.

Auf einen schmähsüchtigen Poeten

Wer den Purpur, der Ehrfurcht von ihm fordert,
Wer die Frauen mit frechen Versen angreift,
Mag an Brücken und Scheidewegen irren
Und, vom Lumpengesindel selbst verachtet,
Bissen, die man den Hunden gibt, erbetteln.
Ihm den Frost zu verlängern, sei die Herberg
Selbst im kalten Dezember fest verschlossen.
Glücklich preis' er und dreimal selig nenn' er,
Wen man nackt auf der Totenbahre fortschafft.
Kommt dann endlich sein Tag und reißt der letzten
Stunde Faden, so sollen sich die Hunde
Um ihn zanken, die Raben um ihn flattern.
Nach dem Tode noch büße der Verdammte:
Wund von Äakus' strenger Geißel, rastlos
Soll er Sisyphus' Felsen wälzen, durstig

Nunc inter undas garruli senis siccus
Delasset omnis fabulas poetarum:
Et cum fateri Furia iusserit verum,
Prodente clamet conscientia „Scripsi.“

X. 8

Nubere Paula cupit nobis, ego ducere Paulam
Nolo: anus est. Vellem, si magis esset anus.

X. 9

Undenis pedibusque syllabisque
Et multo sale nec tamen protervo
Notus gentibus ille Martialis
Et notus populis – quid invidetis? –
Non sum Andraemone notior caballo.

X. 11

Nil aliud loqueris, quam Thesea Pirithoumque,
Teque putas Pyladi, Calliodore, parem.
Dispeream, si tu Pyladi praestare matellam
Dignus es aut porcos pascere Pirithoi.
„Donavi tamen“ inquis „amico milia quinque
Et lotam, ut multum, terve quaterve togam.“
Quid, quod nil unquam Pyladi donavit Orestes?
Qui donat quamvis plurima, plura negat.

Soll er Tantalusqual im Wasser leiden
Und soll aller Poeten Fabeln ausstehn.
Zwingt die Furie ihn dann zum Bekenntnis,
Ruf' er in der Gewissensangst: „Ich schrieb es!"

Auf die Magdalis

Die alte reiche Magdalis
Wünscht mich zum Manne, wie ich höre.
Reich wäre sie genug, das ist gewiß;
Allein so alt! – Ja, wenn sie älter wäre.

Dichterruhm

Durch elfsilbige Verse, die voll Witz sind,
Nicht voll Bosheit, ist euer Martialis
Allerorten bekannt und allen Völkern.
Was beneidet ihr mich, ihr Leute? Bin ich
Denn berühmter als euer Gaul Andrämon?

Geschenke unter Freunden

Kalliodor, du führst nichts andres im Munde als Theseus
    Und Pirithous, willst gar noch ein Pylades sein.
Sterben will ich, wofern du Pirithous' Schweine zu hüten
    Oder des Pylades Nachtbecken zu putzen verdienst.
„Gab ich dem Freunde kein Kleid zum Geschenk, nur drei- oder
                                                höchstens
    Viermal gewaschen? Und manch tausend Sesterzen dazu?"
So! Was hat wohl Orest dem Pylades jemals gegeben?
    Was man auch immer verschenkt – immer versagt man noch mehr.

X. 13 (20)

Ducit ad auriferas quod me Salo Celtiber oras,
　　Pendula quod patriae visere tecta libet,
Tu mihi simplicibus, Mani, dilectus ab annis
　　Et praetextata cultus amicitia,
Tu facis; in terris quo non est alter Hiberis
　　Dulcior et vero dignus amore magis.
Tecum ego vel sicci Gaetula mapalia Poeni
　　Et poteram Scythicas hospes amare casas.
Si tibi mens eadem, si nostri mutua cura est,
　　In quocumque loco Roma duobus erit.

X. 16 (15)

Dotatae uxori cor harundine fixit acuta,
　　Sed dum ludit Aper: ludere novit Aper.

X. 19 (18)

Nec vocat ad cenam Marius, nec munera mittit,
　　Nec spondet, nec volt credere, sed nec habet.
Turba tamen non deest, sterilem quae curet amicum.
　　Eheu! quam fatuae sunt tibi, Roma, togae!

X. 22

Cur spleniato saepe prodeam mento
Albave pictus sana labra cerussa,
Philaeni, quaeris? basiare te nolo.

Der Freund

Bringt mich der Salo nach Hause an Spaniens goldene Ufer,
  Werd' ich der Vaterlandsstadt Häuser am Berge gewahr,
Dann verdank' ich es dir, mein Marius, Freund meiner Kindheit,
  Liebster Jugendgespiel, alles verdanke ich dir.
Niemand lebt auf Spaniens Flur, den ich inniger liebte,
  Freund, und kein andrer verdient echtere Liebe als du.
Gerne hätt' ich mit dir vereint auch das Zelt der Nomaden
  Afrikas oder als Gast Skythiens Hütten bewohnt.
Hast du die gleiche Gesinnung, erwidern wir unsere Liebe –
  Siehe, dann werden wir zwei überall finden ein Rom.

Der Kunstschütze

Aper traf mit dem Pfeil ins Herz die reiche Gemahlin,
  Selbstverständlich beim Spiel. Aper versteht schon sein Spiel!

O, mein Rom!

Marius lädt niemand ein und sendet niemand Geschenke,
  Bürget für niemand und leiht niemand; er hat ja auch nichts.
Dennoch zählt ein so magerer Gönner Aufwärter in Menge.
  Alberne Menschen, mein Rom, hast du wahrhaftig genug!

Schutzmittel

Warum ich oft mit Pflastern auf dem Kinn gehe
Und auf gesunde Lippen Schminke auflege,
Philänis, fällt dir auf? Ich will dich nie küssen.

Iam numerat placido felix Antonius aevo
  Quindecies actas Primus Olympiadas
Praeteritosque dies et tutos respicit annos
  Nec metuit Lethes iam propioris aquas.
Nulla recordanti lux est ingrata gravisque;
  Nulla fuit, cuius non meminisse velit.
Ampliat aetatis spatium sibi vir bonus: hoc est
  Vivere bis, vita posse priore frui.

X. 24

  Natales mihi Martiae Kalendae,
  Lux formosior omnibus Kalendis,
  Qua mittunt mihi munus et puellae,
  Quinquagensima liba septimamque
  Vestris addimus hanc focis acerram.
  His vos, si tamen expedit roganti,
  Annos addite bis precor novenos,
  Ut nondum nimia piger senecta,
  Sed vitae tribus areis peractis
  Lucos Elysiae petam puellae.
  Post hunc Nestora nec diem rogabo.

X. 29

Quam mihi mittebas Saturni tempore lancem,
  Misisti dominae, Sextiliane, tuae;

Lob des Antonius Primus

Antonius, der seines Lebens fünfzehn
Olympiaden in vergnügter Ruhe
Vorübergehen sah, der Glückliche,
Sieht nun auf die durchlebten Tage, sieht
Auf ganze Jahre kummerfrei zurück
Und zittert nicht vor seinem nahen Tod.
Ihn reut bei der Zurückerinnerung
Kein Tag; mit Lust denkt er an jeden.
Der Biedermann erweitert sich den Gang
Der Lebenszeit; denn des vollbrachten Lebens
Sich freuen können, das heißt zweimal leben.

Wunsch zum 57. Geburtstag

Ihr Kalenden des Märzes, mein Geburtstag,
Ihr von allen Kalenden mir die liebsten,
Wo manch Mädchen mir Festgeschenke sendet!
Weihrauch hab' ich und Kuchen euerm Herde
Jetzt schon siebenundfünfzigmal geopfert.
Wollt dem Bittenden – doch nur, wenn's ihm nützlich –
Achtzehn weitere Jahre geben, fleh' ich,
Daß ich ohne des Alters graue Trägheit
Nach dreiviertel Jahrhundert frohen Daseins
Der elysischen Herrin Hain besuche!
Dann begehr' ich auch keinen Tag von Nestor.

Billige Liebe

Jene Schale, die du zum Fest des Saturnus mir schicktest,
  Gabst du, Sextilian, deiner Geliebten jetzt;

Et quam donabas dictis a Marte Kalendis,
   De nostra prasina est synthesis empta toga.
Iam constare tibi gratis coepere puellae:
   Muneribus futuis, Sextiliane, meis.

X. 30

O temperatae dulce Formiae litus,
Vos, cum severi fugit oppidum Martis
Et inquietas fessus exuit curas,
Apollinaris omnibus locis praefert.
Non ille sanctae dulce Tibur uxoris,
Nec Tusculanos Algidosve secessus,
Praeneste nec sic Antiumque miratur;
Non blanda Circe Dardanisve Caieta
Desiderantur, nec Marica nec Liris,
Nec in Lucrina lota Salmacis vena.
Hic summa leni stringitur Thetis vento;
Nec languet aequor, viva sed quies ponti
Pictam phaselon adiuvante fert aura,
Sicut puellae non amantis aestatem
Mota salubre purpura venit frigus.
Nec saeta longo quaerit in mari praedam,
Sed a cubili lectuloque iactatam
Spectatus alte lineam trahit piscis.
Si quando Nereus sentit Aeoli regnum,
Ridet procellas tuta de suo mensa:

Was du ihr ferner geschenkt zu den Märzkalenden, das grüne
  Hauskleidchen, hast du anstatt meines Gewandes gekauft.
So beginnen bereits die Mädchen dich nichts mehr zu kosten,
  Da für den Liebesgenuß meine Geschenke du zahlst.

Die Villa in Formiä

O schöner, milder Meeresstrand von Formiä!
Hier weilt Apollinar am liebsten auf der Welt,
Wenn er die Stadt des Mars, sein Rom, einmal verläßt
Und sich erholt, von Müh und Sorgen abgespannt.
So gut gefallen ihm die Hügel Tiburs nicht,
Der Heimat seiner Frau, die Stille Tuskulums
Und Algidums, Präneste nicht und Antium;
Er sehnt sich nach dem lieblichen Circeji nicht,
Nicht nach Kajeta, nach Marika oder an
Den Liris, nicht nach Kühlung im Lukrinersee.

Den Meeresspiegel kräuselt hier ein sanfter Wind.
Doch ist die See nicht tot; die bunten Nachen wiegt
Die leise Dünung und ein milder Himmelshauch,
Wie wenn ein Mädchen in der Sommersonnenglut
Mit seines Fächers Purpurfedern sich erfrischt.
Man braucht zum Angeln nicht aufs hohe Meer hinaus,
Nein, vom bequemen Ruhebett wirft man die Schnur
Und sieht, wie sie der Fisch ins tiefe Wasser zieht.

Doch wenn die See einmal des Sturms Gewalten spürt,
So schmunzelt, seines Anteils sicher, schon der Koch.

Piscina rhombum pascit et lupos vernas,
Natat ad magistrum delicata muraena,
Nomenculator mugilem citat notum,
Et adesse iussi prodeunt senes mulli.
Frui sed istis quando Roma permittit?
Quot Formianos inputat dies annus
Negotiosis rebus urbis haerenti?
O ianitores vilicique felices!
Dominis parantur ista, serviunt vobis.

X. 33

Simplicior priscis, Munati Galle, Sabinis,
  Cecropium superas qui bonitate senem,
Sic tibi consoceri claros retinere penates
  Perpetua natae det face casta Venus:
Ut tu, si viridi tinctos aerugine versus
  Forte malus livor dixerit esse meos,
Ut facis, a nobis abigas, nec scribere quemquam
  Talia contendas carmina, qui legitur.
Hunc servare modum nostri novere libelli,
  Parcere personis, dicere de vitiis.

X. 36

Inproba Massiliae quidquid fumaria cogunt,
  Accipit aetatem quisquis ab igne cadus,
A te, Munna, venit: miseris tu mittis amicis
  Per freta, per longas toxica saeva vias;

Im Fischteich tummelt sich der Steinbutt und der Hecht,
Die leckere Muräne schwimmt dem Angler zu,
Die Äsche lockt man mit dem wohlvertrauten Ruf,
Und auf den Lockruf tauchen alte Barben auf.

Doch wann läßt Rom ihm den Genuß der Herrlichkeit?
Und wieviel Tage jährlich sind für Formiä
Dem Mann gegönnt, der an dem Großstadttreiben hängt?
Ihr Pförtner und Verwalter seid beneidenswert:
Was eurem Herrn bestimmt ist, dient allein für euch!

Person und Sache

Teurer Munatius Gallus, den alten Sabinern an biedrer
Einfalt gleich und an Güte gleich dem athenischen Greise!
Venus gewähre es dir, daß bei nie verlöschender Liebe
Deiner Tochter im Hause ihres Gemahles du lebest,
Wie du, mein Freund, wenn böse Zungen solche Gedichte,
Welche von Gift und Galle triefen, die meinigen nennen,
Sie von mir abwehrst und, wie du oft schon getan hast, behauptest:
„Verse, wie die da sind, macht kein gelesener Dichter.“
Das bleibt mein Gebrauch in allen meinen Gedichten:
Die Person verschone ich glimpflich und rede vom Laster.

Auf einen Weinpanscher

Was in die scheußlichsten Räucherkammern Marseilles hineingeht,
Alle die Fässer Wein, älter durch Räuchern gemacht,
Alle die schädlichen Gifte, zu Meer und zu Lande den armen
Freunden gar oft übersandt, kommen, o Munna, von dir;

Nec facili pretio, sed quo contenta Falerni
  Testa sit aut cellis Setia cara suis.
Non venias quare tam longo tempore Romam,
  Haec puto causa tibi est, ne tua vina bibas.

X. 38

O molles tibi quindecim, Calene,
Quos cum Sulpicia tua iugales
Indulsit deus et peregit annos!
O nox omnis et hora, quae notata est
Caris litoris Indici lapillis!
O quae proelia, quas utrimque pugnas
Felix lectulus et lucerna vidit
Nimbis ebria Nicerotianis!
Vixisti tribus, o Calene, lustris:
Aetas haec tibi tota conputatur
Et solos numeras dies mariti.
Ex illis tibi si diu rogatam
Lucem redderet Atropos vel unam,
Malles, quam Pyliam quater senectam.

X. 39

Consule te Bruto quod iuras, Lesbia, natam,
  Mentiris. Nata es, Lesbia, rege Numa?
Sic quoque mentiris. Namque, ut tua saecula narrant,
  Ficta Prometheo diceris esse luto.

Kommen um einen Preis, der dem besten Falerner genügte
  Und den Setiens Weinlager so hoch nicht verlangt.
Nun begreif' ich, warum du nach Hause zu kommen
  Immer noch zögerst: Du trinkst ungern den eigenen Wein.

Die glückliche Ehe

Welche zärtlichen fünfzehn Ehstandsjahre
Mit Sulpicien hat dir, o Kalenus,
Gott beschert und verfließen lassen! Wieviel
Stunden seliger Nächte sind mit teuren
Steinen indischer Ufer dir gezeichnet!
Wieviel Kämpfe, welch wechselseitig Ringen
Sah das glückliche Lager, sah die Lampe,
Die von Weihrauch und Wohlgerüchen duftet!
Froh verlebest du so schon fünfzehn Jahre,
Und du rechnest sie als dein ganzes Leben,
Rechnest keine sonst als der Ehe Tage.
Hat dir Atropos diese längst entrissen
Und will einen dir wiedergeben, wählst du
Diesen lieber als viermal Nestors Alter.

Auf ein älteres Semester

Lesbia, wenn du mir schwörst, du seist unter Brutus geboren,
  Lügst du. Lesbia, war's nicht unter Numa vielleicht?
Doch auch das ist nicht wahr. Denn deine Jahre verraten,
  Daß dich Prometheus dereinst formte aus seinem Ton.

X. 43

Septima iam, Phileros, tibi conditur uxor in agro.
  Plus nulli, Phileros, quam tibi, reddit ager.

X. 45

Si quid lene mei dicunt et dulce libelli,
  Si quid honorificum pagina blanda sonat,
Hoc tu pingue putas et costam rodere mavis,
  Ilia Laurentis cum tibi demus apri.
Vaticana bibas, si delectaris aceto:
  Non facit ad stomachum nostra lagona tuum.

X. 46

Omnia vis belle, Matho, dicere. Dic aliquando
  Et bene; dic neutrum; dic aliquando male.

X. 47

Vitam quae faciant beatiorem,
Iucundissime Martialis, haec sunt:
Res non parta labore, sed relicta;
Non ingratus ager, focus perennis;
Lis numquam, toga rara, mens quieta;
Vires ingenuae, salubre corpus;
Prudens simplicitas, pares amici;
Convictus facilis, sine arte mensa;

Pompils Landgut

Auf diesem Gute läßt Pompil
Nun seine sechste Frau begraben.
Wem trug jemals ein Gut so viel?
Wer möchte so ein Gut nicht haben?

An den Kunstrichter Licin

Was ich Zärtliches hier und Angenehmes gedichtet,
    Was als freundliches Lob andern zur Ehre gereicht,
Nennst du geschmacklos. Ich gebe dir eines laurentischen Ebers
    Zartes Fleisch, und du nagst lieber an Rippen, Licin!
Nun, so trinke denn Vatikaner, wenn Essig dir wohlschmeckt!
    Deinem Magen bekommt meine Flasche nicht wohl.

Einem Ästheten

Matho, du sprichst gern ästhetisch. Ach, sprich doch auch einmal
                                                was Gutes!
    Sprich weder so noch so: Sprich einmal richtig gemein!

Ein ruhiges Leben

Geliebter Martial, wünschst du ein glücklich Leben,
So laß von Göttern dir nur diese Dinge geben:
Ein angeerbtes Gut, nicht, das durch Müh erst nährt,
Ein nicht undankbar Feld und immer eigner Herd,
Nicht Streit und wenig Ruhm, ein ruhiges Gemüte,
Ein immer heitrer Geist und ein gesund Geblüte,
Der weisen Einfalt Glück und gleicher Freunde Gunst,
Ein lieber, heitrer Gast, ein Tisch ohn' alle Kunst,

Nox non ebria, sed soluta curis;
Non tristis torus, et tamen pudicus;
Somnus, qui faciat breves tenebras:
Quod sis, esse velis nihilque malis;
Summum nec metuas diem nec optes.

X. 49

Cum potes amethystinos trientes
Et nigro madeas Opimiano,
Propinas modo conditum Sabinum
Et dicis mihi, Cotta, „Vis in auro?"
Quisquam plumbea vina volt in auro?

X. 54

Mensas, Ole, bonas ponis, sed ponis opertas.
   Ridiculum est: possum sic ego habere bonas.

X. 59

Consumpta est uno si lemmate pagina, transis,
   Et breviora tibi, non meliora placent.
Dives et ex omni posita est instructa macello
   Cena tibi, sed te mattea sola iuvat.
Non opus est nobis nimium lectore guloso;
   Hunc volo, non fiat qui sine pane satur.

Die Nacht von Sorgen frei und keinem Wein beschweret,
Ein Weib, das Freude liebt, doch nicht dein Bett entehret,
Ein Schlaf, bei welchem leicht die Nacht vorüberflieht,
Ein Herz, das nie von Wahn und eitler Hoffnung glüht,
Sein, was man wünscht zu sein, nie höhre Wünsche nähren,
Und seinen letzten Tag nicht scheun und nicht begehren.

Wein und Becher

Während du amethystne Becher ausleerst
Und von dunklem Opimianer glühest,
Kotta, bietest du mir den jüngsten Wein an,
Und du fragst: „Willst du ihn aus goldnem Becher?"
Wer trinkt bleiernen Wein aus goldnen Schalen?

Keine Kunst

Auf deiner Tafel stehn der Schüsseln viel,
Doch größtenteils verdeckt. Welch Gaukelspiel!
Heißt das schon eine gute Tafel führen,
So kann auch ich so gut wie du traktieren.

Poetische Hausmannskost

Füll' ich mit einem Gedicht mein Blatt, so gehst du vorüber,
   Und es gefallen dir nur kürzere – bessere nicht.
Reichlich versorgt von jedem Geschäfte erhältst du dein Essen;
   Doch es befriedigen dich leckere Bissen allein.
Gerne leist' ich Verzicht auf allzu genäschige Leser;
   Ich will den, der auch Brot, um sich zu sättigen, braucht.

x. 60

Iura trium petiit a Caesare discipulorum
Adsuetus semper Munna docere duos.

x. 67

Pyrrhae filia, Nestoris noverca,
Quam vidit Niobe puella canam,
Laertes aviam senex vocavit,
Nutricem Priamus, socrum Thyestes,
Iam cornicibus omnibus superstes,
Hoc tandem sita prurit in sepulchro
Calvo Plutia cum Melanthione.

x. 72

Frustra, Blanditiae, venitis ad me
Attritis miserabiles labellis:
Dicturus dominum deumque non sum.
Iam non est locus hac in urbe vobis;
Ad Parthos procul ite pilleatos
Et turpes humilesque supplicesque
Pictorum sola basiate regum.
Non est hic dominus, sed imperator,
Sed iustissimus omnium senator,
Per quem de Stygia domo reducta est
Siccis rustica Veritas capillis.
Hoc sub principe, si sapis, caveto,
Verbis, Roma, prioribus loquaris.

Der wenig beschäftigte Lehrer

Munna erbat sich vom Kaiser das Recht, drei Schüler zu lehren,
Denn er war immer nur zwei Schüler zu lehren gewohnt.

Eine Grabschrift

Pyrrhas Tochter und Nestors Pflegemutter,
Welche Niobe noch als Mädchen grau sah,
Welche Großmutter schon Laertes nannte,
Amme Priamus, Schwäherin Thyestes,
Die schon sämtliche Krähen überlebt hat –
Liegt, die Plotia, endlich hier im Grabe
Mit dem kahlen Melanthion, noch brünstig.

Trajan

Ihr erbärmlich an Kinn und Knie zerriebnen
Schmeicheleien! Ihr naht euch mir vergebens.
Länger führ' ich nicht „Herr und Gott" im Munde,
Ihr habt nichts mehr in dieser Stadt zu schaffen.
Geht von hier zu den Filzhut-Parthern weiter!
Küßt bemalten Monarchen, niederträchtig
Auf den Boden gewälzt, der Füße Schemel!
Jetzt regiert über uns nur noch ein Feldherr,
Ein Senator, gerecht und biederherzig,
Der die Wahrheit mit ungesalbtem Haupthaar,
Schlicht und bäurisch, aus jener Welt zurückrief.
Römer! Hütet euch, unter diesem Fürsten
Euch der früheren Sprache zu bedienen!

Milia viginti quondam me Galla poposcit
  Et, fateor, magno non erat illa nimis.
Annus abît: „Bis quina dabis sestertia" dixit.
  Poscere plus visa est quam prius illa mihi.
Iam duo poscenti post sextum milia mensem
  Mille dabam nummos. Noluit accipere.
Transierant binae forsan trinaeve Kalendae,
  Aureolos ultro quattuor ipsa petît.
Non dedimus. Centum iussit me mittere nummos:
  Sed visa est nobis haec quoque summa gravis.
Sportula nos iunxit quadrantibus arida centum;
  Hanc voluit: puero diximus esse datam.
Inferius numquid potuit descendere? fecit.
  Dat gratis, ultro dat mihi Galla: nego.

X. 76

  Hoc, Fortuna, tibi videtur aequum?
  Civis non Syriaeve Parthiaeve,
  Nec de Cappadocis eques catastis,
  Sed de plebe Remi Numaeque verna,
  Iucundus, probus, innocens amicus,
  Lingua doctus utraque, cuius unum est,
  Sed magnum vitium, quod est poeta,
  Pullo Mevius alget in cucullo,
  Cocco mulio fulget Incitatus.

X. 79

Ad lapidem Torquatus habet praetoria quartum;
  Ad quartum breve rus emit Otacilius.

Baisse

Galla hatte von mir einst zwanzigtausend gefordert,
  Und – ich gesteh' es – ich hielt nicht für zu teuer den Preis.
Drüber verging ein Jahr. „Zehntausend," sagte sie, „gib mir!"
  Aber mir schien es, wie wenn mehr sie verlangte als einst.
Als sie sechs Monde nachher noch immer zweitausend verlangte,
  Bot ich ihr tausend an. Doch die verschmähte sie stolz.
Dann vergingen wohl zwei bis drei Kalenden dazwischen;
  Vier Goldstücke nur noch bat sie von selber sich aus.
Ich verweigerte sie. Sie begehrte hundert Sesterze;
  Aber es kam mir auch das jetzt als zu kostspielig vor.
Hundert Quadranten brachte mir ein meine magere Rente;
  Darum bat sie. „Die sind schon für den Jungen bestimmt."
Konnte sie tiefer wohl noch heruntersteigen? Sie tat es.
  Galla macht es umsonst, zahlt mir noch zu – aber nein.

An die Göttin Fortuna

Sprich, Fortuna, wie kannst du das mit ansehn?
Sieh, ein Bürger von Rom – kein Syrer oder
Parther, nicht Kappadoker Sklavenadel –
Nein, aus Remus' Geschlecht und Numas Landsmann,
Wohl zu leiden, gefällig, muntern Umgangs,
In zwei Sprachen gebildet, der nur einen
Großen Fehler hat: daß er Verse schmiedet –
Dichter Mevius friert in schwarzem Kittel;
Incitatus, der Stallknecht, glänzt in Purpur!

Der Stier und der Frosch

Draußen am vierten Meilenstein hat Torquatus ein Landhaus;
  Draußen am vierten Stein kauft sich ein Äckerchen Faust.

Torquatus nitidas vario de marmore thermas
  Extruxit; cucumam fecit Otacilius.
Disposuit daphnona suo Torquatus in agro;
  Castaneas centum sevit Otacilius.
Consule Torquato vici fuit ille magister,
  Non minor in tanto visus honore sibi.
Grandis ut exiguam bos ranam ruperat olim,
  Sic, puto, Torquatus rumpet Otacilium.

X. 80

Plorat Eros, quotiens maculosae pocula murrae
  Inspicit aut pueros nobiliusve citrum,
Et gemitus imo ducit de pectore, quod non
  Tota miser coëmat Saepta feratque domum.
Quam multi faciunt, quod Eros, sed lumine sicco!
  Pars maior lacrimas ridet et intus habet.

X. 84

  Miraris, quare dormitum non eat Afer?
  Accumbat cum qua, Caediciane, vides.

X. 95

Infantem tibi vir, tibi, Galla, remisit adulter.
  Hi, puto, non dubie se futuisse negant.

X. 96

Saepe loquar nimium gentes quod, Avite, remotas,
  Miraris, Latia factus in urbe senex,

Schimmernde Bäder von köstlichem Marmor erbaut sich Torquatus;
  Eine kupferne Badwanne bestellt sich der Faust.
Lorbeerhaine pflanzet auf seinen Feldern Torquatus;
  In sein Äckerchen steckt hundert Kastanien Faust.
Konsul war Torquatus und Faust der Schulze im Dorfe,
  Dünkte bei solchem Amt nie sich geringer als er.
Wie einst der große Stier das kleine Fröschlein zerquetschte,
  So zerquetscht noch einmal, hoff' ich, Torquatus den Faust.

Manchem geht es wie Eros ...

Immer wenn Eros Knaben und bunte Murragefäße,
  Wenn er aus Zitrusholz köstliche Tische erblickt,
Seufzt er aus tiefer Brust; ja, weil der Arme den ganzen
  Markt nicht kaufen und heimtragen kann, weint er vor Schmerz.
Manchem geht es wie Eros, iedoch mit trockenen Augen:
  Trägt oft ein Lächeln zur Schau über die Tränen im Herz.

Verständlich

„Warum geht Thrax nicht schlafen?" fragst du verwundrungsvoll.
Ei, siehst du denn die Frau nicht, bei der er liegen soll?

Pater semper incertus

Galla, dir schickte das Kind dein Mann zurück und der Hausfreund.
  Daß sie verantwortlich sind, leugnen sie ab, wie mir scheint.

Die nährende Erde

Wunderst du dich, Avitus, daß der, der in Latien alt ward,
  Immer von Völkern, die weit von uns entlegen sind, spricht;

Auriferumque Tagum sitiam patriumque Salonem
  Et repetam saturae sordida rura casae.
Illa placet tellus, in qua res parva beatum
  Me facit et tenues luxuriantur opes:
Pascitur hic, ibi pascit ager; tepet igne maligno
  Hic focus, ingenti lumine lucet ibi;
Hic pretiosa fames conturbatorque macellus,
  Mensa ibi divitiis ruris operta sui;
Quattuor hic aestate togae pluresve teruntur,
  Autumnis ibi me quattuor una tegit.
I, cole nunc reges, quidquid non praestat amicus
  Cum praestare tibi possit, Avite, locus.

X. 97

Dum levis arsura struitur Libitina papyro,
  Dum murram et casias flebilis uxor emit,
Iam scrobe, iam lecto, iam pollinctore parato
  Heredem scripsit me Numa: convaluit.

X. 102

Qua factus ratione sit requiris,
  Qui numquam futuit, pater Philinus?
Gaditanus, Avite, dicat istud,
  Qui scribit nihil et tamen poeta est.

X. 103

Municipes Augusta mihi quos Bilbilis acri
  Monte creat, rapidis quem Salo cingit aquis,

Sehnsucht zum Tagus, dem goldenen Strom, nach dem heimischen Salo
  Fühlet, das volle Feld rühmt und den schmutzigen Herd? –
Ja, das Land behagt mir, wo kleines Vermögen mich reich macht,
  Mir ein geringer Besitz herrliches Leben verschafft.
Hier nähr' ich meinen Acker; dort nährt mich der Acker. Hier glimmet
  Kärglich der Herd, und dort lodern die Flammen empor.
Hier herrscht teurer Hunger; die Preise richten zugrunde;
  Dort bedecken den Tisch Schätze der eigenen Flur.
Hier verschleißt man in einem Sommer mehr als vier Togen;
  Mehr als vier Winter hindurch komm' ich mit einer dort aus.
Geh nun, Avitus, und diene Patronen, wo dir doch, was keine
  Freunde dir geben, das Land selber zu geben vermag!

Die Auferstehung des Numa

Während der Holzstoß leicht mit Schilf zum Brennen gefüllt wird,
  Während die weinende Frau Myrrhen und Weihrauch kauft,
Während das Grab, die Bahre, die Leichensalber bereit sind,
  Setzte zum Erben mich ein Numa – und wurde gesund.

Des Rätsels Lösung

Wie es kommt, daß Philinus Vater wurde,
Der doch niemals ein Weib berührte, fragst du?
Laß es dir nur von Gaditan erklären,
Der nichts schreibt und der dennoch ein Poet ist.

An seine Landsleute, die Bilbilitaner

O sagt, die ihr mit mir zu Bilbilis entsprossen,
Am Berge, von der Flut des Salo rings umflossen,

Ecquid laeta iuvat vestri vos gloria vatis?
  Nam decus et nomen famaque vestra sumus,
Nec sua plus debet tenui Verona Catullo
  Meque velit dici non minus illa suum.
Quattuor accessit tricesima messibus aestas,
  Ut sine me Cereri rustica liba datis,
Moenia dum colimus dominae pulcherrima Romae:
  Mutavere meas Itala regna comas.
Excipitis placida reducem si mente, venimus;
  Aspera si geritis corda, redire licet.

XI. 6

Unctis falciferi senis diebus,
Regnator quibus imperat fritillus,
Versu ludere non laborioso
Permittis, puto, pilleata Roma.
Risisti; licet ergo, non vetamur.
Pallentes procul hinc abite curae;
Quidquid venerit obvium, loquamur
Morosa sine cogitatione.
Misce dimidios, puer, trientes,
Quales Pythagoras dabat Neroni,
Misce, Dindyme, sed frequentiores:
Possum nil ego sobrius; bibenti
Succurrent mihi quindecim poetae.
Da nunc basia, sed Catulliana:
Quae si tot fuerint, quot ille dixit,
Donabo tibi Passerem Catulli.

Ist eures Dichters Ruhm euch lieb? – Denn eure Zier
Und euren Namen habt ihr doch gewiß von mir;
Auch will Verona mich so gern zum Kinde haben
Wie den Catull, den ihm die holden Musen gaben. –
Der vierte Sommer schon nach dreißigen verstrich,
Seit ihr der Ceres Opfer bringet ohne mich.
Indessen ich die Zeit im schönen Rom verzehret,
Hat mir Italien das Haar in Grau verkehret.
Ich komme, wo ich euch nur auch willkommen bin.
Seht ihr mich sauer an, so darf ich wieder hin.

Saturnalienlied

In der lustigen Zeit zum Saturnalsfest,
Wenn der Becher zum Würfeln herrscht, erlaubt ihr,
Hoff' ich, Römer mit Hüten, daß ich Verse
Dichten darf, welche nicht gerade ernst sind.
Wohl, ihr lächelt: Es ist erlaubt; ich wag' es!
Geh von dannen, du leichenblasse Sorge!
Jetzo reden wir, was uns in den Sinn kommt,
Ohne Grübeln und langes Stirnerunzeln. –
Knabe, schenke mir Wein ein, recht viel Wein ein,
Wie Pythagoras ihn dem Nero reichte!
Gib mir, Dindymus, nicht so wenig Becher!
Nüchtern kann ich nicht dichten; wenn ich trinke,
Fühl' ich fünfzehn Poeten in mir rasen! –
Und nun küsse mich, wie Katullus küßte!
Hast so oft mich geküßt, wie er gezählt hat,
Dann bekommst du von mir auch seinen Sperling!

Iam certe stupido non dices, Paula, marito,
  Ad moechum quotiens longius ire voles,
„Caesar in Albanum iussit me mane venire,
  Caesar Circeios." Iam stropha talis abît.
Penelopae licet esse tibi sub principe Nerva:
  Sed prohibet scabies ingeniumque vetus.
Infelix, quid ages? aegram simulabis amicam?
  Haerebit dominae vir comes ipse suae,
Ibit et ad fratrem tecum matremque patremque.
  Quas igitur fraudes ingeniosa paras?
Diceret hystericam se forsitan altera moecha
  In Sinuessano velle sedere lacu.
Quanto tu melius, quotiens placet ire fututum,
  Quae verum mavis dicere, Paula, viro!

Lassa quod hesterni spirant opobalsama drauci,
  Ultima quod curvo quae cadit aura croco;
Poma quod hiberna maturescentia capsa,
  Arbore quod verna luxuriosus ager;
De Palatinis dominae quod Serica prelis,
  Sucina virginea quod regelata manu;
Amphora quod nigri, sed longe, fracta Falerni,
  Quod qui Sicanias detinet hortus apes;
Quod Cosmi redolent alabastra focique deorum,
  Quod modo divitibus lapsa corona comis:
Singula quid dicam? non sunt satis; omnia misce:
  Hoc fragrant pueri basia mane mei.

Weiberlisten

Wenn du, Paula, sehr weit zu deinem Buhlen zu gehn hast,
   Sagst du nicht mehr wie sonst deinem dummköpfigen Mann:
„Cäsar hat mich aufs Schloß nach Albanum bestellt, nach Circeji
   Heißt mich Cäsar heut gehn"; dieser Behelf ist vorbei.
Unter des Nerva Regierung kannst du Penelope bleiben;
   Doch das verhindert die Gier und dein gewohntes Gelüst.
Arme, was wirst du nun tun? Die kranke Freundin besuchen?
   Dich begleitet dein Mann, führet sein Weibchen am Arm;
Er geht mit dir zum Bruder, geht mit dir zu Vater und Mutter.
   Welchen neuen Betrug sinnt nun die Weiberlist aus?
Manche Buhlerin spräche: Das sinuessische Bad ist
   Für Hysterische gut; laß mich's versuchen, mein Schatz!
Wieviel besser tust du doch, Paula, wenn du, sobald dich
   Wütender Kitzel sticht, trocken die Wahrheit ihm sagst!

Der Kuß

So wie der Balsam riecht, der des Ostens Stämmen entquollen,
   So wie der letzte Duft, welchen der Krokus verhaucht,
Wie das Kämmerchen, wo der Apfel zur Winterszeit nachreift,
   Wie von den Bäumen im Lenz kräftig durchwürzete Luft,
   Wie die Seide am Palatin in den fürstlichen Pressen,
   Wie der Bernstein, gewärmt von eines Mädchens Hand,
Wie von fern ein zerbrochener Krug von dunklem Falerner,
   Wie Siziliens Fruchtgärten, von Bienen bewohnt,
Wie Alabaster von Kosmus, wie Weihrauchaltäre der Götter,
   Wie ein Kranz, der dem Haar bei einem Festmahl entfällt –
Nichts mehr davon, denn nichts ist genug! Nimm alles zusammen:
   So riecht des Morgens früh meines Geliebten Kuß.

Scire cupis nomen? si propter basia, dicam.
  Iurasti: nimium scire, Sabine, cupis.

XI. 12

Ius tibi natorum vel septem, Zoile, detur,
  Dum matrem nemo det tibi, nemo patrem.

XI. 17

Non omnis nostri nocturna est pagina libri:
  Invenies et quod mane, Sabine, legas.

XI. 18

Donasti, Lupe, rus sub urbe nobis;
Sed rus est mihi maius in fenestra.
Rus hoc dicere, rus potes vocare?
In quo ruta facit nemus Dianae,
Argutae tegit ala quod cicadae,
Quod formica die comedit uno,
Clusae cui folium rosae corona est;
In quo non magis invenitur herba,
Quam Cosmi folium piperve crudum;
In quo nec cucumis iacere rectus,
Nec serpens habitare tota possit.
Urucam male pascit hortus unam,
Consumpto moritur culex salicto,
Et talpa est mihi fossor atque arator.

Wissen willst du den Namen? Ich sagte ihn, gält' es den Küssen.
Wahrlich, du willst zu viel wissen, mein guter Sabin!

An Zoilus

Mag man sogar das Recht auf sieben Kinder dir geben,
Zoilus, wenn man nur nicht Vater und Mutter dir gibt!

Vielseitige Lektüre

Nicht jede Seite, mein Sabin,
In diesem Buch ist für die Nacht;
Du triffst gewiß auch manches drin,
Was morgens dir Vergnügen macht.

Der Schrebergarten

Du gabst, Lupus, mir vor der Stadt ein Landgut;
Doch ein größeres steht in meinem Fenster.
Landgut magst du das nennen? Das ein Landgut?
Wo 'ne Raute den Hain Dianas vorstellt,
Was der zirpenden Grille Flügel zudeckt,
Was die Ameis' in einem Tage wegfrißt,
Wo ein Blättchen der Rose schon ein Kranz ist?
Wo man grade so viel Gemüse finden
Kann wie indische Nard' und grünen Pfeffer?
Worin keine gerade Gurke liegen,
Keine Schlange sich ganz verstecken könnte?
Eine Raupe ernährt sich schlecht und recht hier,
Selbst die Mücke verhungert an der Weide,
Und der Maulwurf gräbt um und pflügt mein Landgut.

Non boletus hiare, non mariscae
Ridere aut violae patere possunt.
Finis mus populatur et colono
Tamquam sus Calydonius timetur,
Et sublata volantis ungue Procnes
In nido seges est hirundinino;
Et cum stet sine falce mentulaque,
Non est dimidio locus Priapo.
Vix implet cocleam peracta messis,
Et mustum nuce condimus picata.
Errasti, Lupe, littera sed una:
Nam quo tempore praedium dedisti,
Mallem tu mihi prandium dedisses.

XI. 24

Dum te prosequor et domum reduco,
Aurem dum tibi praesto garrienti,
Et quidquid loqueris facisque laudo,
Quot versus poterant, Labulle, nasci!
Hoc damnum tibi non videtur esse,
Si quod Roma legit, requirit hospes,
Non deridet eques, tenet senator,
Laudat causidicus, poeta carpit,
Propter te perit? hoc Labulle, verum est?
Hoc quisquam ferat? ut tibi tuorum
Sit maior numerus togatulorum,
Librorum mihi sit minor meorum?
Triginta prope iam diebus una est

Pilze öffnen sich nicht, Violen können
Nimmer aufgehn, Marisken nicht gedeihen.
Schon ein Mäuslein verheert das Ganze, schrecket
Gleich dem Eber von Kalydon den Bauern,
Und die Kralle der Schwalbe trägt im Fluge
Meine sämtliche Saat zu ihrem Neste.
Mag er dastehn auch ohne Glied und Sichel,
Selbst 'nem halben Priapus fehlt's an Raume.
Kaum ein Schneckengehäuse füllt die Ernte,
Während eine verpichte Nuß den Most birgt.
Du hast, Lupus, geirrt in einer Silbe:
Du verehrtest mir, bester Freund, ein Grundstück;
Lieber hätt' ich gesehn, es wär' ein Frühstück!

Man kann nicht zween Herren dienen

Ach, indeß ich dir folge, dich nach Hause
Bringe, willig mein Ohr dir leihe, wenn du
Plauderst, alles erhebe, was du plauderst –
Wieviel hätt' ich da Verse machen können!
Dünkt dich das kein Verlust, wenn solche Bücher,
Die ganz Rom liest, der Fremde kauft, der Ritter
Nicht verachtet, der Anwalt lobt, der Ratsherr
Im Gedächtnis behält, Kollegen tadeln,
Deinetwegen verloren gehen? Sage,
Wie, damit du noch mehr Klienten zählest,
Soll ich weniger Sinngedichte zählen?
Dieser Monat vergeht schon, und ich habe

Nobis pagina vix peracta. Sic fit,
Cum cenare domi poeta non vult.

XI. 32

Nec toga nec focus est nec tritus cimice lectus
  Nec tibi de bibula sarta palude teges,
Nec puer aut senior, nulla est ancilla nec infans,
  Nec sera nec clavis nec canis atque calix.
Tu tamen adfectas, Nestor, dici atque videri
  Pauper, et in populo quaeris habere locum.
Mentiris vanoque tibi blandiris honore.
  Non est paupertas, Nestor, habere nihil.

XI. 34

Aedes emit Aper, sed quas nec noctua vellet
  Esse suas: adeo nigra vetusque casa est.
Vicinos illi nitidus Maro possidet hortos.
  Cenabit belle, non habitabit Aper.

XI. 35

Ignotos mihi cum voces trecentos,
Quare non veniam vocatus ad te,
Miraris quererisque litigasque.
Solus ceno, Fabulle, non libenter.

XI. 39

Cunarum fueras motor, Charideme, mearum
  Et pueri custos adsiduusque comes.

Kaum ein Blättchen beschrieben. Ja, so geht es,
Wenn der Dichter nicht will zu Hause speisen!

Der Lump

Weder Toga noch Herd noch Bett, von Wanzen bevölkert,
  Hast du, noch Decke, aus Schilf moorigen Sumpfes gemacht,
Weder Sklaven noch Kind noch Magd noch älteren Diener,
  Weder Riegel noch Schloß hast du, noch Becher noch Hund.
Dennoch möchtest du gern ein Armer heißen und scheinen,
  Nestor, und deinen Platz forderst du unter dem Volk.
Nestor, du lügst und schmeichelst dir gern mit vergeblicher Ehre:
  Armut nennt man das nicht, wenn man rein gar nichts besitzt.

Schlimme Wohnung, doch gute Nachbarschaft

Ein Haus, so schwarz und alt, daß selbst die Eulen
Sich weigern würden, drinnen zu verweilen,
Hat Aper sich gekauft; allein daneben
Soll täglich Marius Bankette geben
In seinem großen Gartensaal. Schlecht hausen
Wird Aper zwar, allein vortrefflich schmausen.

An den Herrn V.

Du ladest zwanzig Schmauser ein,
Wovon ich keinen kenn', und dann mich obendrein.
Doch zürnst du und erstaunst, warum ich nicht erscheine?
Ich schmause, Freund, nicht gern alleine.

Unberechtigte Ansprüche

Du, Charidemus, trugst mich als ein Kind zur Ruh;
Mein alter Spielgesell, mein Wächter warest du.

Iam mihi nigrescunt tonsa sudaria barba
    Et queritur labris puncta puella meis;
Sed tibi non crevi: te noster vilicus horret,
    Te dispensator, te domus ipsa pavet.
Ludere nec nobis, nec tu permittis amare;
    Nil mihi vis et vis cuncta licere tibi.
Corripis, observas, quereris, suspiria ducis,
    Et vix a ferulis temperat ira tua.
Si Tyrios sumpsi cultus unxive capillos,
    Exclamas „Numquam fecerat ista pater";
Et numeras nostros adstricta fronte trientes,
    Tamquam de cella sit cadus ille tua.
Desine; non possum libertum ferre Catonem.
    Esse virum iam me dicet amica tibi.

XI. 40

Formosam Glyceran amat Lupercus
Et solus tenet imperatque solus.
Quam toto sibi mense non fututam
Cum tristis quereretur et roganti
Causam reddere vellet Aeliano,
Respondit, Glycerae dolere dentes.

XI. 42

Vivida cum poscas epigrammata, mortua ponis
    Lemmata. Quid fieri, Caeciliane, potest?
Mella iubes Hyblaea tibi vel Hymettia nasci,
    Et thyma Cecropiae Corsica ponis api!

Jetzt fängt der Bart mir an mit Macht hervorzubrechen,
Und meine Freundin sagt, ich solle sie nicht stechen.
Nur dir bin ich noch jung. Der Meier reißet aus,
Der Amtmann flieht vor dir, dich scheut das ganze Haus.
Das Spiel entziehst du mir, verhinderst mich am Lieben;
Du machst, was dir gefällt, und mir wird vorgeschrieben.
Du stellst mir nach, du fluchst, klagst, seufzest über mich,
Und kaum enthältst du wohl sogar der Rute dich.
Trag' ich ein Kleid von Wert, die Haare balsamieret,
Sprichst du: „Dein Vater hat sich so nicht aufgeführet."
Du Sauertopf, du zählst mir alle Gläser ein,
Als gäbest du mir selbst aus deinem Keller Wein!
Hör auf! Als Kato kann ich keinen Knecht ertragen.
Daß ich ein Mann sei, wird dir meine Liebste sagen.

Armer Luperkus!

Seine Glycera liebt Luperkus zärtlich,
Er allein nur besitzet und beherrscht sie.
Daß er sie nicht umarmt den ganzen Monat,
Klagt er traurig und sagt dem Älianus,
Als ihn dieser befragte nach dem Grunde,
Seine Glycera leide jetzt an Zahnweh.

Unmögliches Verlangen

Cäcilian, du verlangst Epigramme, frisch und lebendig;
    Tote Stoffe jedoch gibst du. Was macht man daraus?
Kannst du hyblischen und hymettischen Honig gewinnen,
    Wenn du den Bienen Athens bitteren Thymian gibst?

Cenabis belle, Iuli Cerialis, apud me;
   Condicio est melior si tibi nulla, veni.
Octavam poteris servare; lavabimur una:
   Scis, quam sint Stephani balnea iuncta mihi.
Prima tibi dabitur ventri lactuca movendo
   Utilis, et porris fila resecta suis,
Mox vetus et tenui maior cordyla lacerto,
   Sed quam cum rutae frondibus ova tegant;
Altera non deerunt tenui versata favilla,
   Et Velabrensi massa coacta foco,
Et quae Picenum senserunt frigus olivae.
   Haec satis in gustu. Cetera nosse cupis?
Mentiar, ut venias: pisces, conchylia, sumen
   Et chortis saturas atque paludis aves,
Quae nec Stella solet rara nisi ponere cena.
   Plus ego polliceor: nil recitabo tibi,
Ipse tuos nobis relegas licet usque Gigantas,
   Rura vel aeterno proxima Vergilio.

Quod nimium mortem, Chaeremon Stoice, laudas,
   Vis animum mirer suspiciamque tuum?
Hanc tibi virtutem fracta facit urceus ansa,
   Et tristis nullo qui tepet igne focus,
Et teges et cimex et nudi sponda grabati,
   Et brevis atque eadem nocte dieque toga.
O quam magnus homo es, qui faece rubentis aceti

Einladung zum Essen

Julius Cerealis, wenn du nichts Besseres vorhast,
  Komm, du findest bei mir heute ein treffliches Mahl.
Komm um die achte Stunde; gemeinsam wollen wir baden:
  Weißt du es doch, wie nah Stephanus' Bäder sind!
Lattich, welcher zur leichten Verdauung gut ist, und Stengel,
  Frisch geschnitten vom Lauch, werden zuerst dir kredenzt.
Rogen vom Tunfisch darauf, so groß wie dünne Makrelen,
  Zierlich mit Raute umkränzt, rundum mit Eiern belegt.
Eier fehlen auch nicht, in lockerer Asche gebacken,
  Auch nicht Käse vom Rauch auf dem velabrischen Herd,
Endlich Pizener Oliven, die schon einen Winter gelagert.
  Doch das genüge vorerst! Möchtest du wissen, was folgt?
Lügen will ich, damit du kommst: Saueuter und Austern,
  Fische versprech' ich und, feist, Vögel vom Hof und vom Teich,
Wie sie Stella sogar zur Mahlzeit selten nur vorsetzt.
  Mehr noch verspreche ich: Nichts les' ich bei Tische dir vor.
Du aber sollst deinen „Kampf der Giganten" oder den „Feldbau."
  Lesen – er steht Vergils göttlichem Werke nicht nach.

Einem Stoiker aus Ressentiment

  Chäremon, meinest du, weil dir der Tod beliebt,
  Daß ich nun deinen Geist weit höher müsse preisen?
  Das ist die Tugend nur, die dir dein Elend gibt:
  Der nimmer helle Herd, der immer leer von Speisen,
  Das halbzerbrochne Dach, das wanzenvolle Bett,
  Der grobe Rock, der dich bei Tag und Nacht beschweret.
  O, welch ein großer Geist, der Weine, die recht fett
  Von sauren Hefen sind, freiwillig gern entbehret,

Et stipula et nigro pane carere potes!
Leuconicis agedum tumeat tibi culcita lanis
    Constringatque tuos purpura pexa´ toros,
Dormiat et tecum, modo qui dum Caecuba miscet
    Convivas roseo torserat ore puer:
O quam tu cupies ter vivere Nestoris annos
    Et nihil ex ulla perdere luce voles!
Rebus in angustis facile est contemnere vitam:
    Fortiter ille facit, qui miser esse potest.

XI. 59

Senos Charinus omnibus digitis gerit,
    Nec nocte ponit anulos,
Nec cum lavatur. Causa quae sit, quaeritis?
    Dactyliothecam non habet.

XI. 60

Sit Phlogis an Chione Veneri magis apta, requiris?
    Pulchrior est Chione; sed Phlogis ulcus habet,
Ulcus habet Priami quod tendere possit alutam
    Quodque senem Pelian non sinat esse senem,
Ulcus habet quod habere suam vult quisque puellam,
    Quod sanare Criton, non quod Hygia potest:
At Chione non sentit opus nec vocibus ullis
    Adiuvat, absentem marmoreamve putes.
Exorare, dei, si vos tam magna liceret
    Et bona velletis tam pretiosa dare,

Dem schwarzes Brot und Haferkorn nicht ewig schmeckt!
Gewiß, wenn nur dein Bett weich aufgepolstert stände,
Verhängt mit seidnem Flor, mit Purpurtuch bedeckt,
Und eine Chloe sich zum Schlafen bei dir fände,
Die Wein eingösse, der zur Liebe Lust erweckt:
Wie würdest du so gern drei Nestoralter leben
Und keinen Augenblick gern missen von der Zeit!
Bei Armut ist es leicht, das Leben aufzugeben;
Der ist allein beherzt, der Trotz dem Unglück beut.

Naheliegend

Ein halbes Dutzend Ringe trägt
Charin an jedem Finger, legt
Sie nachts nicht ab noch auch im Bad.
Ihr fragt, warum? Der Gute hat
Kein Ringetui.

Die vollkommene Frau

Wer mehr passe zur Liebe, ob Chione, fragst du, ob Phlogis?
    Schöner ist Chione zwar, Phlogis hat etwas jedoch,
Etwas Gewisses, daß Priamus' Triebe von neuem erwachten,
    Was seine Jugend dem Greis Pelias gäbe zurück;
Etwas Gewisses, was jeder an seinem Mädchen sich wünschte,
    Was kein Arzt und was selbst keine der Himmlischen heilt.
Fühllos aber und stumm ist Chione während der Liebe,
    Ist nicht dabei und sieht aus, grade als wär' sie aus Stein.
Wär' es, ihr Götter, erlaubt, euch anzuflehn um so Großes
    Und gewährtet ihr hold ein so köstliches Gut,

Hoc quod habet Chione corpus faceretis haberet
Ut Phlogis, et Chione quod Phlogis ulcus habet.

XI. 64

Nescio tam multis quid scribas, Fauste, puellis:
Hoc scio, quod scribit nulla puella tibi.

XI. 66

Et delator es et calumniator,
Et fraudator es et negotiator,
Et fellator es et lanista. Miror
Quare non habeas, Vacerra, nummos.

XI. 67

Nil mihi das vivus; dicis post fata daturum.
Si non es stultus, scis, Maro, quid cupiam.

XI. 71

Hystericam vetulo se dixerat esse marito
Et queritur futui Leda necesse sibi;
Sed flens atque gemens tanti negat esse salutem
Seque refert potius proposuisse mori.
Vir rogat, ut vivat virides nec deserat annos,
Et fieri, quod iam non facit ipse, sinit.
Protinus accedunt medici medicaeque recedunt,
Tollunturque pedes. O medicina gravis!

Dann gebt Phlogis den Leib, den Chione hat; und das Etwas,
Dessen sich Phlogis erfreut, gebet der Chione auch!

Einseitige Korrespondenz

Ich weiß nicht, was du an so viele Mädchen schreibst;
Doch weiß ich eins: daß du, Faust, ohne Antwort bleibst.

Erstaunlich

Du Denunziant und Ränkeschmied,
Du Wucherer und Betrüger,
Du Schweinekerl und du Bandit,
Eins wundert mich stets wieder:
Daß du noch kein Vermögen hast.

Verständlicher Wunsch

Bei meinem Leben, sprichst du, kann ich nichts dir schenken;
Nach meinem Tode willst du reichlich mich bedenken. –
Wenn du kein Narr bist, Maro, siehst du doch wohl ein,
Was ungefähr mein Wunsch mag sein?

Lästige Kur

Leda sagt ihrem ältlichen Manne, sie sei so hysterisch,
    Und beklagt, daß ihr not täte der Liebe Genuß;
Weinend und seufzend jedoch erklärt sie, ihre Gesundheit
    Gelte so viel ihr nicht, lieber noch sei ihr der Tod.
Er fleht, daß sie ihn nicht in den blühenden Jahren verlasse,
    Und läßt zu, was er selbst nimmer zu leisten vermag.
Ärzte kommen sogleich herbei, und die Ärztinnen gehen,
    Leda begibt sich ans Werk. Himmel, welch lästige Kur!

XI. 79

Ad primum decuma lapidem quod venimus hora,
  Arguimur lentae crimine pigritiae.
Non est ista viae, non est mea, sed tua culpa est,
  Misisti mulas qui mihi, Paete, tuas.

XI. 82

A Sinuessanis conviva Philostratus undis
  Conductum repetens nocte iubente larem
Paene imitatus obît saevis Elpenora fatis,
  Praeceps per longos dum ruit usque gradus.
Non esset, Nymphae, tam magna pericula passus,
  Si potius vestras ille bibisset aquas.

XI. 83

Nemo habitat gratis nisi dives et orbus apud te.
  Nemo domum pluris, Sosibiane, locat.

XI. 89

Intactas quare mittis mihi, Polla, coronas?
  A te vexatas malo tenere rosas.

XI. 92

Mentitur qui te vitiosum, Zoile, dicit.
  Non vitiosus homo es, Zoile, sed vitium.

Entschuldigung bei verspäteter Ankunft

Ich kam auf deinem Hof um zehen Uhr erst an;
Du zürnst darob und schiltst mich einen trägen Mann.
Und doch bin ich nicht schuld; die Schuld liegt bloß an dir:
Du schicktest deine Gäule mir.

Unfall im Kurort

Als Philostratus einst im Bad Sinuessa vom Schmause
    In sein gemietetes Haus kehrte, spät in der Nacht,
Wär' er beinah dem bösen Geschick Elpenors verfallen,
    Denn er stürzte jäh sämtliche Stufen hinab.
Keine so große Gefahr, ihr Nymphen, hätt' er erlitten,
    Hätt' er an Stelle des Weins Wasser getrunken von euch.

An den Erbschleicher Sosibian

Reiche Leute sonder Erben
Wohnen freilich, bis sie sterben,
Frei bei dir; ich geb' es zu.
Doch vermietet niemand teurer sein Quartier als du.

Rosen

Warum, Geliebte, schickst du frische Kränze mir?
Gib mir aus deinem Haar die Rosen welk dafür.

Unterschied

Es lügt gar sehr, wer dich
Den Lasterhaften nennt, mein Sohn.
Du bist nicht lasterhaft,
Du bist das Laster in Person.

XI. 93

Pierios vatis Theodori flamma penates
  Abstulit. Hoc Musis et tibi, Phoebe, placet?
O scelus, o magnum facinus crimenque deorum,
  Non arsit pariter quod domus et dominus!

XI. 97

Una nocte quater possum: sed quattuor annis
  Si possum, peream, te Telesilla semel.

XI. 101

Thaida tam tenuem potuisti, Flacce, videre?
  Tu, puto, quod non est, Flacce, videre potes.

XI. 103

Tanta tibi est animi probitas orisque, Safroni,
  Ut mirer fieri te potuisse patrem.

XI. 107

Explicitum nobis usque ad sua cornua librum
  Et quasi perlectum, Septiciane, refers.
Omnia legisti. Credo, scio, gaudeo, verum est.
  Perlegi libros sic ego quinque tuos.

XI. 108

Quamvis tam longo possis satur esse libello,
  Lector, adhuc a me disticha pauca petis.

Frevel der Götter

Theodorus', des Dichters, Haus ward ein Opfer der Flammen.
  Billigt ihr, Musen, und du, Phöbus, daß solches geschah?
O Verbrechen, o Schuld, o großer Frevel der Götter,
  Daß mit dem Hause zugleich nicht auch verbrannte der Herr!

Das größte Opfer

Kann ich in einer Nacht der Venus vier Opfer auch bringen -
  Dir, Telesilla, in vier Jahren noch nicht einmal eins.

Der Geisterseher

Sehen hast du sie können, die hagere Thais, mein Flakkus?
  Flakkus, was nicht existiert, glaub' ich, vermagst du zu sehn!

Nicht zu glauben

Du, Safronius, bist so fromm von Gemüt und von Aussehn,
  Daß ich mich wundre, wie du Vater geworden bist.

Auf Gegenseitigkeit

Bis zum Ende entrollt, als wenn du es hättest gelesen,
  Bringst du mir endlich mein Buch, Septicianus, zurück.
Alles lasest du durch. Ich glaub' es, es freut mich – tatsächlich!
  Ebenso habe ich die fünf Bücher gelesen von dir.

Mit dem Zaunspfahl

Wenn du gewiß auch mit meinem Buch, lieber Leser, zufrieden
  Sein kannst, so bittest du mich: „Ein paar Distichen noch!“

Sed Lupus usuram puerique diaria poscunt.
Lector, solve. Taces dissimulasque? Vale.

XII. 4 (5)

Longior undecimi nobis decimique libelli
Artatus labor est et breve rasit opus.
Plura legant vacui, quibus otia tuta dedisti:
Haec lege tu, Caesar; forsan et illa leges.

XII. 7

Toto vertice quot gerit capillos,
Annos si tot habet Ligeia, trima est.

XII. 10

Habet Africanus miliens, tamen captat.
Fortuna multis dat nimis, satis nulli.

XII. 12

Omnia promittis, cum tota nocte bibisti;
Mane nihil praestas. Pollio, mane bibe.

Lupus wartet jedoch auf Zinsen, die Sklaven auf Essen:
„Leser, bezahle! – Du schweigst. Hörst du denn schlecht? – Dann
leb wohl!‘‘

Gekürzte Ausgabe für den Kaiser

An dem zehnten Buch und dem elften feilt’ ich und kürzte,
So daß aus beiden vereint eines, ein dünnes, entstand.
Mag das erweiterte lesen, wem, Kaiser, du Muße gelassen;
Lies du das dünnre; vielleicht liest du das ganze dann auch.

Einfache Gleichung

Entsprechen dem Haare
Auf dem Kopfe die Jahre,
Dann ist die Marei
Jetzt grad eben drei.

Der Nimmersatt

Millionen hat Cäcil;
Und doch darf kein Reicher sterben,
So will er ihn flugs beerben.
Vielen gibt das Glück zu viel,
Keinem aber – welch ein Fluch! --
Keinem gibt das Glück genug.

Aufforderung zum Frühschoppen

Wenn du die Nacht durch säufst, sagst du mir alles zu.
Am Morgen gibst du nichts. Des Morgens saufe du!

XII. 13

Genus, Aucte, lucri divites habent iram:
Odisse, quam donare, vilius constat.

XII. 14

Parcius utaris, moneo, rapiente veredo,
  Prisce, nec in lepores tam violentus eas.
Saepe satisfecit praedae venator, et acri
  Decidit excussus, nec rediturus, equo.
Insidias et campus habet: nec fossa nec agger
  Nec sint saxa licet, fallere plana solent.
Non deerit qui tanta tibi spectacula praestet,
  Invidia fati sed leviore cadat.
Si te delectant animosa pericula, Tuscis
  – Tutior est virtus – insidiemur apris.
Quid te frena iuvant temeraria? saepius illis,
  Prisce, datum est equitem rumpere, quam leporem.

XII. 17

Quare tam multis a te, Laetine, diebus
  Non abeat febris, quaeris et usque gemis.
Gestatur tecum pariter pariterque lavatur;
  Cenat boletos, ostrea, sumen, aprum;
Ebria Setino fit saepe et saepe Falerno,
  Nec nisi per niveam Caecuba potat aquam;
Circumfusa rosis et nigra recumbit amomo,
  Dormit et in pluma purpureoque toro.
Cum recubet pulchre, cum tam bene vivat apud te,
  Ad Damam potius vis tua febris eat?

Billiger

Der karge Philon zürnt beim Anblick eines Armen.
Er rechnet: Minder kostet Zürnen als Erbarmen.

Warnung

Seltener brauche, ich rate es dir, dein stürmisches Jagdpferd,
    Priskus, und stürze so wild nimmer den Hasen nach!
Oftmals ward an dem Jäger das Wild gerächt, und er stürzte
    Jäh vom feurigen Roß, daß er es nimmer bestieg.
Tücken hat auch das Feld; nicht Damm noch Graben noch Steine
    Dürfen es sein, denn gar oft ist auch die Ebene falsch.
Immer finden sich welche, die solch ein Schauspiel dir bieten,
    Aber um deren Sturz minder man grollt dem Geschick.
Wenn dich der Reiz der Gefahr ergötzt, komm tuscische Eber
    Jagen mit mir, denn es ist sichrer der Jäger dabei.
Priskus, was nützen dir, sprich, die verwegenen Ritte? Durch diese
    Wird oft leichter zum Sturz Reiter als Hase gebracht.

Nicht zu verdenken

Weshalb immer noch nicht nach so viel Tagen das Fieber
    Dich, Lätinus, verläßt, fragst du und seufzest dabei.
Mit dir badet's zugleich und sitzt zugleich in der Sänfte,
    Speist Saueuter und Pilz, Auster und Eber mit dir.
Oft berauscht es sich in Setiner, oft in Falerner,
    Mit Schneewasser gekühlt trinkt es den Cäkuber mit.
Dunkel von Salbe liegt es bei Tisch und umkränzet mit Rosen,
    Und auf schwellendem Flaum schläft es, auf purpurnem Pfühl.
Da es so herrlich speist, so wohl bei dir sich befindet,
    Mutest dem Fieber du zu, lieber zu Dama zu gehn?

Quam sit lusca Philaenis indecenter,
Vis dicam breviter tibi, Fabulle?
Esset caeca decentior Philaenis.

O iucunda, covinne, solitudo,
Carruca magis essedoque gratum
Facundi mihi munus Aeliani!
Hic mecum licet, hic, Iuvate, quidquid
In buccam tibi venerit, loquaris:
Non rector Libyci niger caballi,
Succinctus neque cursor antecedit;
Nusquam est mulio: mannuli tacebunt.
O si conscius esset hic Avitus,
Aurem non ego tertiam timerem.
Totus quam bene sic dies abiret!

Hermogenes tantus mapparum, -‿‿, fur est,
 Quantus nummorum vix, puto, Massa fuit;
Tu licet observes dextram teneasque sinistram,
 Inveniet, mappam qua ratione trahat:
Cervinus gelidum sorbet sic halitus anguem,
 Casuras alte sic rapit Iris aquas.
Nuper cum Myrino peteretur missio laeso,
 Subduxit mappas quattuor Hermogenes;
Cretatam praetor cum vellet mittere mappam,
 Praetori mappam surpuit Hermogenes.

Umgekehrte Ästhetik

Soll ich sagen, wie häßlich mir Philänis,
Die einäugige Hexe, immer vorkommt?
Ganz blind würd' ich Philänis hübscher finden.

An sein Reisewäglein

O, mein hübsches, verdecktes Reisewäglein,
Du Geschenk des gewandten Älianus,
Mehr als Kabriolett mir lieb und Kutsche!
Hier, hier darfst du, Juvatus, mit mir plaudern
Alles Mögliche, was dir in den Mund kommt.
Sitzt kein Negerlakai für unser Pferdchen
Bei uns, rennt kein geschürzter Läufer vorne,
Niemand fährt uns, und unsre Rößchen schweigen.
O, wenn unser Avitus jetzt doch hier wär'!
Fürchten wollt' ich gewiß ein drittes Ohr nicht.
Ach, wie herrlich verginge dann der Tag uns!

Nichts ist sicher vor Hermogenes

Schier unglaublich: Hermogenes stiehlt so viel Tücher bei Tische,
  Wie kaum ein anderer Dieb jemals Denare errafft.
Sieh ihm, wie immer du willst, auf die Rechte und halt' ihm die Linke:
  Dennoch weiß er den Weg, wie er das Tuch dir entzieht.
So saugt der Atem von Hirschen die Schlangen aus den Verstecken,
  So zieht Iris sich hoch Wasser zum Regen empor.
Als man neulich Myrinus winkend im Zirkus befreite,
  Nahm vier Tücher dabei heimlich Hermogenes weg.
Als der Prätor sein Tuch zum Spielbeginn wollte erheben,
  Nahm dem Prätor das Tuch heimlich Hermogenes weg.

Attulerat mappam nemo, dum furta timentur:
  Mantele a mensa surpuit Hermogenes.
Hoc quoque si deerit, medios discingere lectos
  Mensarumque pedes non timet Hermogenes.
Quamvis non modico caleant spectacula sole,
  Vela reducuntur, cum venit Hermogenes.
Festinant trepidi substringere carbasa nautae,
  Ad portum quotiens paruit Hermogenes.
Linigeri fugiunt calvi sistrataque turba,
  Inter adorantes cum stetit Hermogenes.
Ad cenam Hermogenes mappam non attulit unquam,
  A cena semper rettulit Hermogenes.

XII. 30

  Siccus, sobrius est Aper; quid ad me?
  Servum sic ego laudo, non amicum.

XII. 31

Hoc nemus, hi fontes, haec textilis umbra supini
  Palmitis, hoc riguae ductile flumen aquae,
Prataque nec bifero cessura rosaria Paesto,
  Quodque viret Iani mense nec alget holus,
Quaeque natat clusis anguilla domestica lymphis,
  Quaeque gerit similes candida turris aves,
Munera sunt dominae: post septima lustra reverso
  Has Marcella domos parvaque regna dedit.
Si mihi Nausicaa patrios concederet hortos,
  Alcinoo possem dicere „Malo meos.“

Niemand brachte sein Tuch einst mit aus Furcht vor dem Diebstahl,
  Aber ein Tuch von dem Tisch nahm sich Hermogenes mit.
Fehlt auch dieses, so scheut, das Speisesofa zu berauben
  Und die Füße vom Tisch unser Hermogenes nicht.
Wenn bei dem Schauspiel auch noch so heftig brütet die Sonne,
  Zieht man den Vorhang zurück, wenn sich Hermogenes zeigt.
Ängstlich rollen die Schiffer sogleich die Segel zusammen,
  Wenn an dem Hafen sich nur blicken Hermogenes läßt.
Jene geschorene Schar von Isispriestern in Linnen
  Flieht, wenn Hermogenes auch unter den Betenden steht.
Niemals brachte zum Mahl ein Tuch Hermogenes mit sich,
  Immer brachte vom Mahl eines Hermogenes mit.

Kein Lob

Daß Aper nüchtern ist und mäßig, rührt mich nicht:
Denn das ist eines Knechts, nicht eines Freundes Pflicht.

Der Garten der Marcella

Den Wald, die Brunnen, dies Gewölbe hoher Reben,
Dies Wasser, dem die Kunst den Schlangenlauf gegeben,
Die Trift, dies Rosenfeld, das zwier wie Pästum trägt,
Dies Beet, das grünes Kraut im Janusmonde hegt,
Den Aal, verschlossen jetzt in wohlverwahrten Teichen,
Den weißen Turm voll Tauben, die an Farb' ihm gleichen –
Dies kleine Königreich schenkt meine Frau nach mehr
Als dreißig Jahren mir bei meiner Wiederkehr.
Böt' auch Nausikaa mir ihres Vaters Garten,
Ich spräch': „Alkinous, laß mich des meinen warten!"

Triginta mihi quattuorque messes
Tecum, si memini, fuere, Iuli.
Quarum dulcia mixta sunt amaris,
Sed iucunda tamen fuere plura;
Et si calculus omnis huc et illuc
Diversus bicolorque digeratur,
Vincet candida turba nigriorem.
Si vitare velis acerba quaedam
Et tristis animi cavere morsus,
Nulli te facias nimis sodalem:
Gaudebis minus et minus dolebis.

XII. 40

Mentiris, credo: recitas mala carmina, laudo:
  Cantas, canto: bibis, Pontiliane, bibo:
Pedis, dissimulo: gemma vis ludere, vincor:
  Res una est, sine me quam facis, et taceo.
Nil tamen omnino praestas mihi. „Mortuus," inquis,
  „Accipiam bene te." Nil volo: sed morere.

XII. 46 (47)

Difficilis facilis, iucundus acerbus es idem:
  Nec tecum possum vivere, nec sine te.

XII. 47 (46)

Vendunt carmina Gallus et Lupercus.
Sanos, Classice, nunc nega poetas.

Freundschaft

Dreißig Sommer und vier darüber, glaub' ich,
Hat mein Julius schon mit mir verlebt nun,
Deren Freude mit Leiden untermischt war.
Doch der liebliche Teil war wohl der größre,
Und wofern ich die hell- und dunklen Steinchen
Alle sondre, sie dahin, dorthin werfe,
Überwindet der weiße Trupp den schwarzen.
Willst du, vieler Bedrängnis auszuweichen,
Manchen nagenden Kummer zu verhüten,
Keinen Menschen zu sehr zum Freund dir machen,
Hast du weniger Leid – doch minder Freude.

Bestrafter Undank

Lügst du, so glaub' ich's; du machst erbärmliche Verse, die lob' ich;
Singst du, so singe ich mit; trinkst du, so trinke ich auch.
Lässest du Winde, ich merk's nicht; du spielst, und ich unterliege.
Tust nur eins ohne mich – doch ich schweige davon.
Trotzdem schenkst du mir nicht das Geringste. „Einst nach dem Tode,“
Sagst du, „bedenk' ich dich gut.“ Gar nichts verlang' ich – nur stirb!

Auf einen zwiespältigen Charakter

Du bist bald schlimm, bald gut, bald sauer und bald fein:
Ich mag nicht gern um dich, nicht ohne dich gern sein.

Zwei tüchtige Dichter

Luperk und Gall verkaufen ihre Poesien geschwind.
Wer will noch leugnen, daß auch unsre Dichter tüchtig sind?

Daphnonas, platanonas et aërios pityonas
  Et non unius balnea solus habes,
Et tibi centenis stat porticus alta columnis,
  Calcatusque tuo sub pede lucet onyx,
Pulvereumque fugax hippodromon ungula plaudit,
  Et pereuntis aquae fluctus ubique sonat;
Atria longa patent. Sed nec cenantibus usquam
  Nec somno locus est. Quam bene non habitas!

Tam saepe nostrum decipi Fabullinum,
Miraris, Aule? semper homo bonus tiro est.

Nummi cum tibi sint opesque tantae,
Quantas civis habet, Paterne, rarus,
Largiris nihil incubasque gazae,
Ut magnus draco, quem canunt poetae
Custodem Scythici fuisse luci.
Sed causa, ut memoras et ipse iactas,
Dirae filius est rapacitatis.
Ecquid tu fatuos rudesque quaeris,
Inludas quibus auferasque mentem?
Huic semper vitio pater fuisti.

Crine ruber, niger ore, brevis pede, lumine laesus,
  Rem magnam praestas, Zoile, si bonus es.

Die schöne Wohnung

Lorbeerhaine, Platanengehölz und luftige Föhren
   Hast du und Bäder, für dich einzelnen Menschen zu groß;
Und dein Portikus ruht auf hundert mächtigen Säulen,
   Und wo du hintrittst, strahlt Onyx dir unter dem Fuß;
Jagend stampfet dein Roß mit den Hufen die staubige Rennbahn,
   Und wo du hinblickst, drängt murmelndes Wasser sich durch.
Atrien dehnen sich weit; doch Platz ist nirgends zum Essen
   Oder zum Schlafen. Wie schön wohnest du doch – ach wie schlecht!

Der Gute

   Auf Schritt und Tritt wird Fabullin geprellt –
   Das ist das Los der Guten auf der Welt.

An einen Geizhals

   Reich bist du, und du hast so viel Besitztum,
   Wie es selten ein Bürger hat, Paternus.
   Doch du schenkst nichts, du brütest auf dem Schatze
   Wie der mächtige Drache, den die Dichter
   Als den Wächter vorm Hain von Kolchos schildern.
   Doch der Grund deiner unbezähmten Habsucht
   Sei dein Sohn, wie du sagst und selbst dich rühmest.
   Siehst du's etwa auf Narren ab und Kinder,
   Die du ärgern und dümmer machen möchtest?
   Du warst immer des Geizes echter Vater.

Kaum möglich

Mops schielt, hat rotes Haar, ist dreckig, schleppt das Bein:
Wär' er ein braver Mann, es müßt' ein Wunder sein.

XII. 58

Ancillariolum tua te vocat uxor, et ipsa
 Lecticariola est: estis, Alauda, pares.

XII. 61

Versus et breve vividumque carmen
In te ne faciam, times, Ligurra,
Et dignus cupis hoc metu videri.
Sed frustra metuis cupisque frustra.
In tauros Libyci ruunt leones,
Non sunt papilionibus molesti.
Quaeras, censeo, si legi laboras,
Nigri fornicis ebrium poetam,
Qui carbone rudi putrique creta
Scribit carmina, quae legunt cacantes.
Frons haec stigmate non meo notanda est.

XII. 73

 Heredem tibi me, Catulle, dicis.
 Non credam, nisi legero, Catulle.

XII. 78

Nil in te scripsi, Bithynice. Credere non vis
 Et iurare iubes? Malo satis facere.

XII. 82

Effugere in thermis et circa balnea non est
 Menogenen, omni tu licet arte velis.

Wie geschaffen

Den Don Juan der Mägde nennt dich deine Frau,
Sie selbst hat einen Sänftenträger: Paßt genau.

Unbegründete Sorge

Du, Ligurra, hast Angst, daß ich auf dich ein
Kurzes, lebensgetreues Sprüchlein schreibe,
Spielst dich auf, grad als hättst du Grund zur Sorge.
Doch umsonst ist die Angst, umsonst die Hoffnung.
Löwen stürzen sich nur auf wilde Stiere;
Einem Schmetterling tun sie nichts zuleide.
Willst du aber durchaus in aller Mund sein,
Such' dir einen versoffnen Kneipendichter,
Der mit schimmliger Kreide oder Kohle
Verse schreibt, die man nur im Lokus durchliest.
Diese Stirne soll nicht mein Brandmal zeichnen.

Schwarz auf Weiß

„Valerius, du sollst mein Erbe sein!" So spricht
Katull. – Katull, eh' ich es lese, glaub' ich's nicht.

Das kleinere Übel

Nichts, Bithynikus, schrieb ich auf dich. Du willst es nicht glauben
Und verlangst, daß ich schwör'? Eher noch schreib' ich etwas.

Der Schmeichler

Unserm Menogenes ist in den Bädern, ist in den Thermen
Nicht zu entgehn, wenn man auch jegliche Tücke gebraucht.

Captabit tepidum dextra laevaque trigonem,
  Inputet acceptas ut tibi saepe pilas.
Colliget et referet laxum de pulvere follem,
  Et si iam lotus, iam soleatus erit.
Lintea si sumes, nive candidiora loquetur,
  Sint licet infantis sordidiora sinu.
Exiguos secto comentem dente capillos
  Dicet Achilleas disposuisse comas.
Fumosae feret ipse προπῖν de faece lagonae,
  Frontis et umorem colliget usque tuae.
Omnia laudabit, mirabitur omnia, donec
  Perpessus dicas taedia mille „Veni!“

XII. 87

Bis Cotta soleas perdidisse se questus,
Dum neglegentem ducit ad pedes vernam,
Qui solus inopi praestat et facit turbam,
Excogitavit – homo sagax et astutus –
Ne facere posset tale saepius damnum:
Excalceatus ire coepit ad cenam.

XII. 88

Tongilianus habet nasum: scio, non nego. Sed iam
  Nil praeter nasum Tongilianus habet.

Hascht mit der Rechten und Linken den Ball und erhitzt sich im
Spiele,
Daß nur recht häufig ein Punkt auf deinem Konto erscheint.
Schnell hebt er auf aus dem Staube und bringt dir den mächtigen
Faustball,
War er auch schon im Bad, hat er die Schuhe schon an.
Nimmst du das Handtuch, so lobt er erfreut, daß es weißer als
Schnee sei,
Mag es auch schmutziger sein als bei den Kindern das Hemd.
Wenn du dein schütteres Haar mit dem Elfenbeinkamme dir ordnest,
Sagt er, du habest Achills herrliche Locken gekämmt.
Er trägt selber im Krug dir die Hefe verräucherten Weines,
Und die schwitzende Stirn wischt er beständig dir ab.
Alles lobt er an dir, er bewundert alles, bis dessen
Überdrüssig du sagst: „Komme zum Essen mit mir!“

Kotta führt Barfußgehen ein

Schon zwei Paar Schuh vermisse er, beklagt Kotta,
Und nennt drum unaufmerksam seinen Tischknaben,
Der ihm verblieb und seine ganze „Schar“ bildet.
Gewitzt ersann daher der schlaue Mensch etwas,
Damit er nicht mehr solche Art „Verlust“ leide:
Er stiefelt jetzt zu jeder Mahlzeit barfüßig.

Der letzte Besitz

Tongilianus hat eine Nase – kein Zweifel, ich weiß es.
Außer der Nase jedoch hat er nichts anderes mehr.

Pro sene, sed clare, votum Maro fecit amico,
  Cui gravis et fervens hemitritaeos erat,
Si Stygias aeger non esset missus ad umbras,
  Ut caderet magno victima grata Iovi.
Coeperunt certam medici spondere salutem.
  Ne votum solvat, nunc Maro vota facit.

XII. 92

Saepe rogare soles, qualis sim, Prisce, futurus,
  Si fiam locuples simque repente potens.
Quemquam posse putas mores narrare futuros?
  Dic mihi, si fias tu leo, qualis eris?

Spect. 9

Praestitit exhibitus tota tibi, Caesar, harena
  Quae non promisit proelia rhinoceros.
O quam terribilis exarsit pronus in iras!
  Quantus erat taurus, cui pila taurus erat!

Spect. 17

Quod pius et supplex elephas te, Caesar, adorat
  Hic modo qui tauro tam metuendus erat,
Non facit hoc iussus nulloque docente magistro:
  Crede mihi, nostrum sentit et ille deum.

Maro betrügt das Schicksal

Maro gelobte laut für den greisen Freund, den ein Fieber,
　　Dritthalbtägig, verzehrt und mit dem Tode bedroht:
Werde der Kranke nicht zu den stygischen Schatten gesendet,
　　Woll' er ein Opfertier Jupiter schlachten zum Dank.
Als von den Ärzten bestimmt die Genesung wurde verheißen,
　　Tat er ein zweites Gelübd, das ihn vom ersten befreit.

Törichte Frage

„Wenn du plötzlich sehr reich und sehr mächtig würdest, o Markus,
　　Sage, was tätest du dann?‟ hast du mich oftmals gefragt.
Glaubst du, Priskus, man könne sein künft'ges Verhalten voraus-
　　　　　　　　　　　　　　　　　　　　sehn? –
　　Wenn du ein Löwe wirst, Freund, sage, wie wirst du dann sein?

Das Nashorn

Kaiser, es führte vor dir, zu sehn auf der ganzen Arena,
　　Kämpfe das Nashorn auf, wie man es nimmer gedacht.
O, wie entbrannt' es, das Haupt gesenkt, in schrecklichem Grimme!
　　Was war das, dem ein Stier diente zum Spiel, für ein Tier!

Der Elefant

Kaiser, daß fromm und flehend ein Elefant dir sein Knie beugt,
　　Welcher so fürchterlich doch eben den Stier noch bedroht,
Tut er nicht auf Geheiß und nicht dressiert von dem Wärter:
　　Glaube mir, unseren Gott fühlt auch die Wildnis in dir!

Spect. 25b

Cum peteret dulces audax Leandros amores
 Et fessus tumidis iam premeretur aquis,
Sic miser instantes adfatus dicitur undas:
 „Parcite dum propero, mergite cum redeo."

Spect. 32 (31)

Cedere maiori virtutis fama secunda est.
 Illa gravis palma est, quam minor hostis habet.

XIII. 2

Nasutus sis usque licet, sis denique nasus,
 Quantum noluerat ferre rogatus Atlans,
Et possis ipsum tu deridere Latinum:
 Non potes in nugas dicere plura meas,
Ipse ego quam dixi. Quid dentem dente iuvabit
 Rodere? carne opus est, si satur esse velis.
Ne perdas operam: qui se mirantur, in illos
 Virus habe, nos haec novimus esse nihil.
Non tamen hoc nimium nihil est, si candidus aure,
 Nec matutina si mihi fronte venis.

XIII. 5 Piper

Cerea quae patulo lucet ficedula lumbo,
 Cum tibi sorte datur, si sapis, adde piper.

Leander

Während Leander kühn einst schwamm zu der süßen Geliebten
  Und der Ermattete schon sank in der schwellenden Flut,
Sprach er, erzählt uns die Sage, erschöpft zu den drohenden Wogen:
  „Schont mich beim Schwimmen zu ihr, heimwärts bereitet mein
  Grab!"

Sieg und Niederlage

Nächst dem Siege ist des Starken
Höchster Ruhm: dem Stärkern weichen.
Schwer bedrückt es seine Seele,
Muß er schwächerm Feind sich beugen.

Abfertigung

Magst du auch naseweiser als andere sein, magst du ganz Nase
  Selber sein, größer, als selbst Atlas zu tragen vermag;
Spottest du gleich den Spötter Latinus zu Boden – so kannst du
  Meine Possen nicht mehr höhnen, als ich sie gehöhnt.
Mit dem Zahne den Zahn zu nagen, nützt dir recht wenig:
  Wenn du dich sättigen willst, Beißer, so nage doch Fleisch!
Schütte dein Gift gegen die aus, welche sich selber bewundern.
  Hier verlierst du die Müh: Nichts ist mein Buch, wie ich weiß.
Aber es ist nicht gar nichts, wofern du mit willigem Ohre,
  Wenn du mit heiterer Stirn und nach dem Essen erscheinst.

Pfeffer

Ward dir ein Feigenschnepfchen beschert, wie Wachs an den leckern
  Seiten glänzend, so gib Pfeffer ihm, hast du Geschmack!

XIII. 18 Porri sectivi

Fila Tarentini graviter redolentia porri
Edisti quotiens, oscula clusa dato.

XIII. 21 Asparagi

Mollis in aequorea quae crevit spina Ravenna,
Non erit incultis gratior asparagis.

XIII. 46 Persica praecocia

Vilia maternis fueramus Persica ramis:
Nunc in adoptivis Persica cara sumus.

XIII. 48 Boleti

Argentum atque aurum facilest laenamque togamque
Mittere: boletos mittere difficilest.

XIII. 51 Turdorum decuria

Texta rosis fortasse tibi vel divite nardo,
At mihi de turdis facta corona placet.

XIII. 52 Anates

Tota quidem ponatur anas; sed pectore tantum
Et cervice sapit: cetera redde coco.

XIII. 58 Iecur anserum

Aspice, quam tumeat magno iecur ansere maius!
Miratus dices: „Hoc, rogo, crevit ubi?"

Schnittlauch

Hast du stark riechende Stengel vom Lauch aus Tarentum gegessen,
Dann gib immer den Kuß nur mit geschlossenem Mund!

Spargel

Besser als wilder Spargel schmecken mir selbst nicht die zarten
Stangen, die an dem Sumpf dicht bei Ravenna gedeihn.

Pfirsiche

An dem Mutterbaum wurden wir Pfirsiche wenig geachtet;
Nun uns ein fremder Baum nährt, sind wir ein edles Geschlecht.

Danksagung für köstliche Pilze

Gold und Silber zu senden ist leicht, auch Mantel und Leibrock;
Aber Pilze wie die sendet nur selten ein Freund.

Krammetsvögel

Kränze du dich bei Tisch mit Rosen und Myrten: Ein Schnürchen
Krammetsvögel, mein Freund, ist mir ein besserer Kranz.

Enten

Ganz zwar trage die Ente man auf; doch sie schmeckt an der Brust nur
Und an dem Rücken. Den Rest sende dem Koche zurück!

Gänseleber

Sieh doch! An Größe gleicht die Leber fast allein
Der größten Gans. Wo mag sie nur gewachsen sein?

XIII. 76 Rusticulae

Rustica sim an perdix, quid refert, si sapor idem est?
Carior est perdix. Sic sapit illa magis.

XIII. 77 Cycni

Dulcia defecta modulator carmina lingua
Cantator cycnus funeris ipse sui.

XIII. 92 Lepores

Inter aves turdus, si quid me iudice certum est,
Inter quadripedes mattea prima lepus.

XIII. 94 Dammae

Dente timetur aper, defendunt cornua cervum:
Inbelles dammae quid, nisi praeda, sumus?

XIV. 2

Quo vis cumque loco potes hunc finire libellum:
Versibus explicitumst omne duobus opus.
Lemmata si quaeris cur sint adscripta, docebo:
Ut, si malueris, lemmata sola legas.

XIV. 6 Pugillares triplices

Tunc triplices nostros non vilia dona putabis,
Cum se venturam scribet amica tibi.

Feldhühner

Was verschlägt es, ob Feld- oder Rebhuhn, ist der Geschmack gleich?
Teurer bezahlt man dies; trefflicher schmeckt es darum.

Der Schwan

Der Schwan singt, wenn er fühlt, er lebe nicht mehr länger.
Er unter allen ist sein eigner Leichensänger.

Hasen

Scheint mir etwas gewiß, so sind von den Vögeln die Drosseln,
Vom vierfüßigen Wild Hasen die leckerste Kost.

Rehe

Eber drohn mit dem Hauer, Geweihe beschützen die Hirsche;
Nur zur Beute sind wir friedliche Rehe gemacht.

An den Leser

Leser, du kannst dieses Buch an beliebiger Stelle beenden:
In zwei Versen gesagt, findest du alles darin.
Wissen willst du, warum ich die Überschriften dazuschrieb?
Daß du, wofern dir's beliebt, diese zu lesen nur brauchst.

Dreiblättrige Schreibtafeln

Dann wirst die Tafeln du nicht als geringes Geschenk mehr betrachten,
Wenn dir die Freundin drauf schreibt, bald besuche sie dich.

XIV. 10 Chartae maiores

Non est, munera quod putes pusilla,
Cum donat vacuas poeta chartas.

XIV. 12 Loculi eborei

Hos nisi de flava loculos implere moneta
Non decet: argentum vilia ligna ferant.

XIV. 13 Loculi lignei

Si quid adhuc superest in nostri faece locelli,
Munus erit. Nihil est: ipse locellus erit.

XIV. 32 Parazonium

Militiae decus hoc gratique erit omen honoris,
Arma tribunicium cingere digna latus.

XIV. 37 Scrinium

Selectos nisi das mihi libellos,
Admittam tineas trucesque blattas.

XIV. 39 Lucerna cubicularis

Dulcis conscia lectuli lucerna,
Quidquid vis facias licet, tacebo.

XIV. 66 Mamillare

Taurino poteras pectus constringere tergo:
Nam pellis mammas non capit ista tuas.

Größere Schreibblätter

Wenn der Dichter dir leere Blätter sendet,
Darfst du nicht für gering die Gabe halten.

Elfenbeinerne Geldkästchen

Goldene Münzen allein verdienen uns Kästchen zu füllen;
Eins aus einfachem Holz werde mit Silber gefüllt.

Hölzerne Geldkästchen

Wenn noch etwas verblieb auf dem Boden unseres Kästchens,
    Nimm's zum Geschenke! Wo nicht, sei dir das Kästchen geschenkt.

Das kurze Schwert

Zierde des Kriegerstands und ein Schmuck willkommener Ehre,
    Waffe, die einem Tribun würdig umgürtet den Leib!

Die Bücherschachtel

Übergibst du mir nicht erlesene Bücher,
Werd' ich Würmer und böse Schaben kriegen.

Die Nachtlampe

Süßer Liebe Vertraute bin ich Lampe;
Magst du tun, was du willst, ich werde schweigen.

Das Busenband

Magst dir gern mit dem Fell eines Stiers aufbinden die Brüste,
Denn dies lederne Band langt für deine nicht zu.

XIV. 130 Paenula scortea

Ingrediare viam caelo licet usque sereno,
  Ad subitas numquam scortea desit aquas.

XIV. 134 Fascia pectoralis

Fascia, crescentes dominae compesce papillas,
  Ut sit quod capiat nostra tegatque manus.

XIV. 137 (142) Focale

Si recitaturus dedero tibi forte libellum,
  Hoc focale tuas adserat auriculas.

XIV. 143 Tunicae Patavinae

Vellera consumunt Patavinae multa trilices,
  Et pingues tunicas serra secare potest.

XIV. 151 Zona

Longa satis nunc sum; dulci sed pondere venter
  Si tumeat, fiam tunc tibi zona brevis.

XIV. 165 Cithara

Reddidit Eurydicen vati: sed perdidit ipse,
  Dum sibi non credit nec patienter amat.

XIV. 175 Danae picta

Cur a te pretium Danae, regnator Olympi,
  Accepit, gratis si tibi Leda dedit?

Das Ledercape

Schreitest du immerhin auch bei heiterem Himmel des Weges,
Fehle für plötzlichen Guß nimmer das lederne Cape.

Die Brustbinde

Binde, halte zurück die wachsenden Brüstchen der Freundin,
Daß sie umspannt und bedeckt werden von unserer Hand.

Das Halstuch

Hab' ich vielleicht dir mein Buch, um dir vorzulesen, gegeben,
Möge das Halstuch sodann dienen als Ohrenverschluß.

Tuniken aus Padua

Berge von Wolle frißt paduanisches Drillichgewebe,
Schneide so grobes Gewand nur mit der Säge entzwei.

Der Gürtel

Leicht umspann' ich dich jetzt; doch werde ich Gürtel zu kurz sein,
Wenn sich von süßer Last künftig der Leib dir gewölbt.

Die Zither

Eurydike gab sie dem Orpheus; er selber verlor sie,
Da ihm Vertrauen gebrach und in der Liebe Geduld.

Ein Bild der Danaë

Weshalb, Herr des Olymps, hast du Danaë freundlich belohnet,
Während doch Leda umsonst sich dir Göttlichem gab?

* 241 *

XIV. 196 Calvi de aquae frigidae usu

Haec tibi quae fontes et aquarum nomina dicit,
  Ipsa suas melius charta natabat aquas.

XIV. 197 Mulae pumilae

His tibi de mulis non est metuenda ruina:
  Altius in terra paene sedere soles.

XIV. 200 Canis vertragus

Non sibi, sed domino venatur vertragus acer,
  Inlaesum leporem qui tibi dente feret.

XIV. 208 Notarius

Currant verba licet, manus est velocior illis:
  Nondum lingua suum, dextra peregit opus.

XIV. 220 Cocus

Non satis est ars sola coco: servire palatum
  Nolo: cocus domini debet habere gulam.

Eine Schrift über den Nutzen des kalten Wassers

Dieses Papier, das die Quellen dir nennt und die Namen der Wässer,
  Hätte besser getan, schwämm' es im Wasser davon.

Das Zwergmaultier

Daß er von diesem Maultier jemals fallen werde,
  Besorgt kein Mensch. Man sitzt fast höher auf der Erde.

Der Windhund

Niemals für sich, für den Herrn jagt das Wild der hitzige Windhund:
  Unverletzt durch den Zahn trägt er den Hasen dir zu.

Der Schnellschreiber

Mögen die Worte auch eilen, die Hand ist dennoch geschwinder:
  Ehe die Zunge ihr Werk, hat es die Rechte getan.

Der Koch

Nicht genügt für den Koch die bloße Kunst, und der Gaumen
  Darf nicht dienen: Der Koch habe die Zunge des Herrn.

Über Martial

Marcus Valerius Martialis wurde am 1. März in einem der
Jahre zwischen 38 und 41 n. Chr. geboren. Seine Heimat war Bilbilis in der römischen Provinz Hispania Tarraconensis am Flusse
Salo; heute erhebt sich etwa an der Stelle des alten Bilbilis das
Städtchen Calatayud am Jalon, ungefähr 75 Kilometer südwestlich
von Zaragoza in Aragonien. Martial gehört also der Herkunft nach
zu den für die römische Geistesgeschichte so bedeutenden Männern
der Kaiserzeit, die aus Spanien stammen: zu den beiden Seneka,
Lukan und Quintilian.

In Bilbilis, das durch seinen Gewerbefleiß, durch Goldgewinnung
und Waffenfabriken berühmt war, genoß Martial eine sorgfältige
Erziehung in Grammatik und Rhetorik. Im Jahre 64, also mit
etwa 25 Jahren, begab er sich nach Rom, wo er mit einer kurzen
Unterbrechung 34 Jahre seines Lebens verbrachte. Diese Unterbrechung fällt in das Jahr 87, in dem sich Martial in der Provinz
Aemilia, besonders in Forum Cornelii (dem heutigen Imola), auf-
hielt. In Rom wohnte Martial zunächst zur Miete, später besaß
er ein eigenes Haus, Sklaven und ein Gespann. Reich ist er aber
gewiß nicht gewesen; denn er nahm vom jüngeren Plinius das Reise-
geld an, um im Jahre 98 nach der stets geliebten Heimat zurück-
zukehren. Hier fand der gealterte Dichter die ersehnte Ruhe vor
dem Lärm der Weltstadt Rom; er starb in einem der Jahre zwischen
101 und 104, also im Alter von etwa 65 Jahren.

In Rom verliehen und bestätigten die Kaiser Titus und Domitian
dem Dichter das Dreikinderrecht, obwohl er sicher nicht verheiratet
war. Ferner wurde er vielleicht von Titus durch den Titel eines

Militärtribuns in den Ritterstand erhoben. Aber diese Ehrungen brachten nur geringe gesellschaftliche und kaum irgendwelche wirtschaftlichen Vorteile mit sich. Um sein Leben zu fristen, war Martial daher auf das Dasein eines Klienten angewiesen. Zunächst schloß er sich der berühmten spanischen Familie, den Seneka, als Klient an. Nach ihrem Abgang von der politischen Bühne erhielt Martial vielleicht sein öfter besungenes kleines Gut bei Nomentum, das ihm aber kaum genügend Lebensunterhalt eingebracht haben dürfte.

Martial lebte also weiter ohne eigentlichen Beruf als Klient bei vornehmen Personen. Sein Dasein bestand darin, reichen Gönnern frühmorgens seine Aufwartung zu machen, sie im Zeremoniengewand, der Toga, zu den Foren zu begleiten, ihnen dort bei ihren Geschäften behilflich zu sein, ihnen bei den beliebten politischen oder Gerichtsreden Beifall zu klatschen, Stimmung für sie zu machen, alles gutzuheißen, was sie taten, und sie mit der Anrede Rex et dominus zu erfreuen. Als Entgelt für diese Tätigkeit war die sportula, ein sehr niedriger Geldbetrag, sowie eine Tagesmahlzeit, gelegentlich wohl auch die Einladung zu einem Fest, ein kleines Geschenk und eine Art Abfindung in Form von einem Stück Land oder von ein paar tausend Sesterzen zu erwarten.

Wollte der Klient mehr erreichen, so mußte er dem Kaiser und seiner Umgebung oder einem Patron schmeicheln, da diese im allgemeinen Sittenverfall der Zeit selbst auf die plumpesten und für unser Empfinden widerwärtigsten Schmeicheleien schon aus gesellschaftlichen Gründen Wert legten. Denn die Gesellschaft war damals so korrupt, daß sie Schmeicheleien von der Dreistigkeit der Martialschen zweifellos durchschaute, ohne sich gegen sie zur Wehr zu setzen; sie war vielmehr wegen ihrer Korruption zu schwach, um die Schmeicheleien entbehren zu können. Auf diese Weise ist es auch erklärlich, wenn ein Klient mit dichterischer Begabung wie Martial in Gedichten Personen anredete, mit denen ihn kein näheres persönliches Verhältnis verband. Die Gönner müssen also Wert auf derlei Anreden und Erwähnungen gelegt haben – ein Zeichen, wie stark die Dichtung in der Art Martials damals schon als öffentliche Macht empfunden wurde. Gewiß hat die Anrede an bestimmte Personen, wie Lessing beobachtet hat, auch eine ästhetische Wirkung, insofern sie uns „geschwinder in Bewegung setzt, unter unserm eignen Zirkel umzuschauen, ob da sich nicht jemand finde, ob da sich nicht etwas zugetragen, worauf der Gedanke des Dichters anzuwenden sei"; aber es handelt sich eben ursprünglich nicht um eine ästhetische, sondern um eine den Rücksichten auf Zeit und Gesellschaft entsprungene Absicht.

Indessen muß man sich hüten, von diesem unangenehmsten Charakterzug Martials auf seinen Charakter überhaupt zu schließen. Es fragt sich sehr, ob die Schmeicheleien Martials, Statius' und anderer Zeitgenossen von den Gebildeten ernst genommen worden sind. Viel wahrscheinlicher ist jedenfalls, daß sie mit einer Art von Augurenlächeln verfertigt, angenommen und gewertet wurden. Sie gehörten zum Stil des gesellschaftlichen Daseins wie zu anderen Zeiten die Titel und Anreden, wie bestimmte Trachten, die über die wahre Figur des Menschen hinwegtäuschen, oder bestimmte Zeremonien, die den Rang und Wert nicht der Persönlichkeit, wohl aber ihrer Schätzung innerhalb der Gesellschaft ausdrücken. Sie waren die wesentlichste Gesellschaftslüge der römischen Kaiserzeit. Je mehr aber die Gesellschaftslüge ausgeprägt ist, um so stärker pflegt sich ein privater Lebenskreis herauszubilden, der von der Gesellschaftslüge fast oder völlig unberührt bleibt. Dafür spricht bei Martial die aufrichtige Gesinnung, die er gegenüber Julius Martialis und anderen Freunden hegte, zu denen auch der Satiriker Juvenal zählte. Dafür spricht auch die Schmeichelei selbst, die keineswegs in jedem Fall um eines bestimmten Vorteils willen erfolgt, sondern oft gleichsam um ihrer selbst willen, als Bejahung des Gesellschaftsstiles, den man mitmacht, ohne ihn darum doch von seinem privaten Lebenskreis aus gutzuheißen.

Freilich war anderseits das Klientendasein geeignet, einen an sich schon labilen Charakter, wie es Martial war, völlig zu verderben und die zunächst nur außerhalb des privaten Daseins mitgespielte Selbsterniedrigung des römischen Klienten zur zweiten Natur werden zu lassen. Dieses Schauspiel ist bei der grundsätzlich moralischen Natur, mit der Martial ausgestattet war, besonders widerwärtig. Die berühmte Selbstverteidigung des Dichters (I. 4, V. 8), seine Dichtung sei zwar unzüchtig, sein Leben aber sauber, die bei allen „Rettungen" Martials immer wieder zitiert worden ist, spielt dabei als Beweis für die moralische Natur Martials gewiß eine bescheidene Rolle, mit der sich nur ein sehr oberflächlicher Moralismus oder ein sehr weitgehender Rationalismus, welcher zwischen Dichtung und Leben grundsätzlich scheidet, begnügen wird.

Viel wesentlicher ist das Zeugnis von Martials Gedichten selbst. Wie für die Antike überhaupt, so fallen auch für Martial Moral, Natur und Vernunft zusammen. Wenn eine dieser drei Mächte beleidigt wird, werden in ihr auch die beiden anderen beleidigt. Martial verherrlicht nun in seiner gesamten Dichtung weder die Unmoral noch die Unnatur noch die Unvernunft; er bekämpft sie vielmehr, wo und mit welchen Mitteln er kann. Zweifellos war aber zu Martials Zeit das Wirken der drei Mächte aufs schwerste vergiftet, und wachere Geister mochten fühlen, daß mit der Zersetzung von Moral, Natur und Vernunft das Dasein der griechisch-römischen Lebensformen überhaupt in Frage gestellt war. (Die Geschichte hat bewiesen, daß sie recht behalten haben.) Um der schweren Vergiftung entgegenzutreten, hielt Martial das stärkste Gegengift, d. h. die rücksichtslose Anprangerung der Schäden, gerade für wirksam genug, wenn er dabei als Kind seiner Zeit und als nicht unbedingt verläßlicher Charakter oft auch selbst infiziert wurde und an der Infektion Gefallen fand. So allein sind seine Verse zu verstehen, die – ohne den Rahmen der Zeit und ohne die Voraussetzung eines im Dichter aufs schwerste verletzten moralischen Empfindens – schlechterdings nur mißverstanden werden können. So ist auch Martials Begeisterung über die sittliche Erneuerung durch einzelne Erlasse der Kaiser nicht nur Schmeichelei, sondern durchaus ehrlich gemeint: Die beleidigte Natur war in ihre Würde wieder eingesetzt worden; Moral und Vernunft schienen dadurch gerettet. Allerdings umfaßte die natürliche Moral damals mehr und anderes als heute; vor allem war sie von jedem Zug von Prüderie völlig frei und in geschlechtlichen Fragen erheblich weitherziger als eine von neunzehn Jahrhunderten christlicher Erziehung geformte Kultur. – Das ist zu bedenken, wenn man versucht sein sollte, den Dichter vor dem modernen Empfinden durch eine Trennung von Dichtung und Leben zu „retten".

Bewährt sich also auch an diesem Römer der Verfallsepoche das antike Gesetz, nach welchem ein Unmaß mit allen Mitteln zum Maß zurückgeführt werden muß, wenn nicht der lebendige Geist selbst zugrunde gehen soll, so gilt die Idee des Maßes bei Martial erst recht für seine Dichtung. Denn wäre es auch durchaus denkbar, daß Martial nicht trotz, sondern wegen seines Moralismus für unser Empfinden Widerwillen erregte, so gilt das gewiß nicht für den Künstler Martial. Wie er als Moralist ohne Prüderie ist, so schreibt er als Dichter ohne Phrase und falsches Pathos, ja er ist der einzige Dichter der Kaiserzeit, der sich völlig frei von den rhetorischen Untugenden der damaligen Dichtung zu halten versteht. Trotz der Entlehnung manches Vorwurfs von Katull oder aus der griechischen Anthologie bleibt er überall originell, weil er kein alexandrinisches Gelehrtenpublikum vor sich sieht, sondern das Volk, das seine Verse denn auch in allen Teilen der bewohnten Welt las. Wenn er einmal sagt (XII. 3, V. 17 f.), man brauche nur drei, vier Verse von ihm zu hören, um zu wissen, wer das Gedicht geschrieben habe, so hat er damit gewiß recht, ja er war unter den Dichtern seiner Zeit allein berechtigt, diese Behauptung aufzustellen. Ebenso durfte er allein sagen (X. 4, V. 10), seine Dichtung gebe ein Bild des Menschen, nicht irgendwelcher mythologischen Schemen, wie es bei seinem Gegner Statius der Fall war.

Vor allem aber ist Martial in einem bestimmten Sinne der Schöpfer des Epigramms geworden – nicht als ob er zuerst Epigramme gedichtet hätte, sondern insofern, daß in Zukunft als vollkommenes Epigramm eben das Sinngedicht Martials galt. Oder wie Lessing es ausdrückt: „Es hat unzählige Dichter vor dem Martial bei den Griechen sowohl als bei den Römern gegeben, welche Epigramme gemacht; aber einen Epigrammatisten hat es vor ihm nicht gegeben. Ich will sagen: daß er der erste ist, welcher das Epigramm als eine eigene Gattung bearbeitet und dieser eigenen Gattung sich ganz gewidmet hat. ... So verschieden seine Sinngedichte auch immer in Ansehung der Einfälle sein mögen: so vollkommen ähnlich sind sie einander doch alle in Ansehung ihrer inneren Einrichtung. Das Schlechteste und das Beste, das Größte und das Kleinste haben ohne Ausnahme das Merkmal, woran ihre

Verwandtschaft und Belangung zu der nämlichen Klasse auch ein Leser empfindet, der nichts weniger als Kunstrichter ist. Und so wie dem Martial der Ruhm des ersten Epigrammatisten der Zeit nach gehöret, so ist er auch noch bis jetzt der erste dem Werte nach geblieben. Nur wenige haben so viele Sinngedichte gemacht als er, und niemand unter so vielen so viel gute und so viel ganz vortreffliche."

Als Epigrammatist, nicht als Moralist ist Martial durch das Gedächtnis der Zeiten gegangen, wenn er schon die wichtigste Quelle für unsere Kenntnis der Sitten und Bräuche der römischen Kaiserzeit ist. Bis zum Ausgang der Antike ist er immer wieder gelesen, kommentiert und abgeschrieben worden; die erhaltenen Handschriften sind zahlreich und der Text im wesentlichen gut überliefert. Die Editio princeps erfolgte zu Ferrara 1471; schon drei Jahre später wurde Martial in Rom von Domizio Calderini erläutert. Damit war er der Renaissance gegenwärtig geworden. Immerhin dauerte es bis 1602, ehe die erste kritisch bedeutsame Ausgabe von Janus Gruterus erfolgte. Diese Ausgabe sowie die vorhergehende von Junius und die folgende von Scriverius bildeten die Grundlagen des Textes, auf denen Schneidewin in seinen Ausgaben von 1842 und 1853 einen kritischen Text im modernen Sinne aufbaute. In den Ausgaben der drei Niederländer wurde Martial dem 17. und 18. Jahrhundert, der vorwiegenden Zeit seiner Aufnahme im modernen Europa, bekannt. In Deutschland ist die Epigrammendichtung Logaus, Wernickes, Lessings, sind die Xenien Goethes und Schillers, ja noch Grillparzers und Hebbels Sinngedichte ohne die Wirkung Martials undenkbar; besonders seit Lessings „Zerstreuten Anmerkungen über das Epigramm und einige der vornehmsten Epigrammatisten" von 1771 galt Martial als derjenige Dichter, der das Epigramm am reinsten ausgebildet habe und an dessen

Gedichten sich das Wesen der Gattung am deutlichsten ablesen lasse.

Freilich hat es auch niemals an Gegnern Martials gefehlt. Maßgebend für die Ablehnung seiner Verse war vor allem seine angebliche Unmoral. Als unmoralisch konnte Martial aber nur dort verschrien werden, wo man seine Verse ohne historisches Bewußtsein, d. h. mit den Maßstäben der modernen Welt betrachtete. Denn gerade der Moralismus Martials unterliegt im Gegensatz zu manchem amoralisch empfindenden antiken Menschen keinem Zweifel; nur äußert sich sein Moralismus eben nicht in moderner, christlich gefärbter, sondern in antiker Form. Sicher ist Martial weder als Charakter noch – bei seiner Beschränkung auf ein sehr enges Gebiet dichterischen Schaffens – als Künstler eine der vorbildlichen und großen Gestalten der Antike gewesen; doch schon Goethe hielt dem venezianischen Neulateiner Andreas Naugerius auf seine eifernde Ablehnung Martials das Epigramm entgegen:

„Aus zu eklem Geschmack verbrannte Nauger Martialen.
    Wirfst du das Silber hinweg, weil es nicht Gold ist? Pedant!"

Bemerkungen zur Auswahl – Nachweise – Anmerkungen

Die Auswahl aus den Gedichten Martials ist nach folgenden Gesichtspunkten getroffen: eine Sammlung zu schaffen, die ohne großen Aufwand von Erläuterungen verständlich ist, d. h. die das Zeitlose vor dem Zeitgebundenen hervortreten läßt; Übertragungen zusammenzustellen, die dem Urtext wie dem Charakter der deutschen Sprache gerecht werden; solche Gedichte nicht aufzunehmen, die unserem sittlichen Empfinden widersprechen oder die für unseren Geschmack plump wirken (Schmeicheleien auf den Kaiser oder den Hofstaat, viele Epigramme auf geschlechtliche Vorgänge usw.), da es sich nicht verantworten läßt, sie in einer Auswahl erscheinen zu lassen.

Die Verdeutschungen sind mit Ausnahme einer Reihe vom Herausgeber neu übersetzter Gedichte älteren Sammlungen entnommen, welche in den Nachweisen und Anmerkungen im einzelnen belegt werden. Dabei ist fast jedes Gedicht, ja oft jeder einzelne Vers – außer in den wenigen unverändert übernommenen Übertragungen Lessings – durch den Herausgeber überarbeitet. Das Ziel dieser Überarbeitung besteht darin, ein lesbares und dennoch dem Urtext entsprechendes Deutsch zu geben. Der Sinn der Gedichte ist dabei unverfälscht geblieben, da „Rettungen" eines antiken Dichters vor dem modernen Geschmack mit Hilfe einer fälschenden Übersetzung niemals ohne kulturgeschichtliche Peinlichkeiten möglich sind. Im übrigen hat Martial selbst in der Vorrede zum I. Buch darüber das Nötige gesagt, dem nichts zuzufügen ist. Gemäß dem allgemeinen Ziel der Verdeutschung ist auch bei der Übertragung in den Versmaßen des Urtextes weniger Rücksicht auf eine den idealen Ansprüchen genügende Metrik als auf deutliche und deutsche Wiedergabe des Sinnes geachtet, was übrigens der lockeren Behandlung der Metrik durch Martial völlig entspricht. Die Überarbeitung, die weitgehend eine Modernisierung veralteter oder geschraubter Ausdrücke und Wendungen darstellt, erfordert durchweg den Gebrauch der heutigen Rechtschreibung und Zeichensetzung. Nach der Sitte der älteren Übersetzer schließt sie auch die Zufügung deutscher Überschriften ein; sofern diese oder die Übersetzung selbst das Verständnis des Sinnes von sich aus erleichtern, wird auf besondere Erklärungen in den Anmerkungen verzichtet.

Die Anordnung der Gedichte folgt den kritischen Ausgaben. Nur sind die dem Epigrammaton liber (de spectaculis) entnommenen Eprigramme hinter Buch XII, d. h. vor die Xenia und Apophoreta (libri XIII und XIV) eingereiht, da diese drei Bücher, die zeitlich vor der übrigen Sammlung erschienen (80 bzw. 84/85), innerlich zusammengehören.

Die Anmerkungen zählen nach dem lateinischen Text; doch sind die Verszahlen im Text selbst aus Schönheitsgründen weggelassen, da die Stellen bei der Kürze der Gedichte leicht aufzufinden sind. Nur das zum Textverständnis Notwendigste und die geographischen Namen sind unter gelegentlicher Anlehnung an Berg und Friedländer (und zwar ein schwer verständlicher Ausdruck jeweils nur das erste Mal, wo er erscheint) erläutert worden. Die von den älteren Übersetzern wegen des Reimes, des Versmaßes, wegen anderer Lesarten oder aus sonstigen Gründen veränderten Eigennamen sind nicht immer wiederhergestellt oder besonders vermerkt, da die Überprüfung an Hand des Urtextes jederzeit möglich ist.

Dem Urtext liegt folgende A u s g a b e zugrunde: M. Valerii Martialis Epigrammaton libri recognovit W. Heraeus, Lps. MCMXXV (= Bibl. script. Graec. et Roman. Teubneriana).

Die Ü b e r s e t z u n g e n sind in der Hauptsache folgenden Sammlungen entnommen (Ausnahmen werden bei den einzelnen Anmerkungen angeführt):

1. *Lessings* Werke I. Herausgegeben von Georg Witkowski, Lpg. u. Wien o. J. (= Less.).

2. Marcus Valerius Martialis in einem Auszuge I. Aus den

poetischen Übersetzungen verschiedener Verfasser gesammelt und mit eigenen Übersetzungen herausgegeben von *Carl Wilhelm Ramler*, Wien 1793 (= Ram. I).

3. Marcus Valerius Martialis in einem Auszuge II. Übersetzt von *Carl Wilhelm Ramler*, Wien 1793 (= Ram. II).

4. Marcus Valerius Martialis in einem Auszuge III. Übersetzt von *Carl Wilhelm Ramler*, Wien 1793 (= Ram. III).

5. Die Epigramme des Marcus Valerius Martialis [3]. In den Versmaßen des Originals übersetzt und erläutert von Dr. *Alexander Berg*, Bln.-Schöneberg o. J. (= Langenscheidtsche Bibl. LXVI; zit.: Berg).

6. Die Eprigramme Martials in zwölf Büchern nebst dem Buch von den Schauspielen. Deutsche Nachdichtung von *Hermann Sternbach*, Bln. o. J. (= 1922; Klassiker des Altertums 2 XXIII; zit.: Sternb.).

Auf folgende S c h r i f t e n ü b e r M a r t i a l sei neben den bekannten Literaturgeschichten und der Real-Enzyklopädie hingewiesen:

G. E. Lessing, Zerstreute Anmerkungen über das Epigramm und einige der vornehmsten Epigrammatisten, in: Werke VI, S. 135 ff., besonders S. 192 ff.

Ludwig Friedländer, M. Valerii Martialis Epigrammaton libri I und II. Mit erklärenden Anmerkungen, Lpg. 1886.

Concetto Marchesi, Valerio Marziale, Gen. 1914 (= Profili XXXVI).

Paul Nixon, Martial and the modern Eprigram, Ldn. a. s. o. w. y. (= Our debt to Greece and Rome).

Otto Weinreich, Studien zu Martial – Literarhistorische und religionsgeschichtliche Untersuchungen, Stuttg. 1928 (= Tüb. Beitr. z. Altertumswiss. IV).

Franz Sauter, Der römische Kaiserkult bei Martial und Statius, Stuttg.-Bln. 1934 (= Tüb. Beitr. XXI).

Cesare Giarratano, Marziale, in: La letteratura latina nell' età imperiale I, Roma 1935, p. 119 ss. (= Istit. di Studi Romani).

Über Sonderfragen, z. B. die Abhängigkeit Martials vom grie-

chischen Epigramm oder von Katull, über einzelne Gruppen
von Epigrammen und die Nachwirkung Martials usw. vgl. die
Literaturnachweise besonders bei Nixon, Weinreich und Sauter.

1. 1 Karl Wilhelm Ramler (1725–1798) 1 S. 1.
Vorrede: Prosa: F. H. Alexander Berg (die Übersetzung erschien
    zwischen 1855 und 1886) 19 f. Verse: Martin Opitz
    (1597–1639) bei Ram. 1. 1. – Z. 11 Domitius Mar-
    sus und Pedo Albinovanus sind Dichter der auguste-
    ischen Zeit; Cn. Cornelius Lentulus Gaetulicus dich-
    tete unter Kaligula (Kaiser 37–41). – Z. 15 Florales:
    Ein altrömisches, sehr ausgelassenes Fest, an dem die
    Zuschauer nach der Vorstellung die Mimae (Darstelle-
    rinnen des Mimus) nackt zu sehen wünschten. Als
    Kato von einem Freunde darauf aufmerksam gemacht
    wurde, verließ er das Theater, um die Sitte nicht zu
    stören.
1. 4 Berg 22. – v. 1 Caesar: Domitian. – v. 5 Thymele –
    Latinus: Eine Tänzerin und ein Hofschauspieler.
1. 8 Berg 23. – v. 1 Thrasea: P. Fannius Th. Paetus (34–62)
    wurde unter Nero wegen Majestätsbeleidigung ver-
    klagt und beendete sein Leben freiwillig. Wie Kato
    lebt er als Sinnbild der Charakterfestigkeit fort.
1. 9 Gotthold Ephraim Lessing (1729–1781) 6.
1. 15 Opitz bei Ram. 1. 5. – v. 1 Iulius: I. Martialis, einer
    der besten und ältesten Freunde des Dichters.
1. 16 Opitz ebd. – v. 1 Die genaue Übersetzung würde lau-
    ten: „Es gibt gute [Epigramme], es gibt einige mittel-
    mäßige, es gibt mehr schlechte." Man könnte aber
    auch quaedam auf mediocria und z u g l e i c h auf
    bona beziehen und verstehen: „Einige Epigramme sind
    gut, einige mittelmäßig ..." Giuseppe Albini schlägt
    eine andere Interpunktion vor und belegt seine Auf-
    fassung mit Beispielen aus der lateinischen Literatur
    (De Martialis epigrammate libri primi XVI und Iterum

de eodem Martialis disticho [I. 16], in Rendiconto
delle Sessioni della R. Academia delle Scienze dell'
Istituto di Bologna – Classe di Scienze Morali, I
1926 f., und II 1927 f.):
Sunt bona, sunt quaedam; mediocria sunt, mala
plura. ...
Albini interpretiert folgendermaßen: Der Dichter
redet den Freund an, stimmt ihm bis zu einem gewissen Grade bei und bestätigt ihm, daß in seiner
Eprigrammensammlung das Gute zwar nicht fehle, gibt
es aber nur sehr vorsichtig und bescheiden zu: Sunt
bona, sunt quaedam (Es gibt gute [Epigramme], das
sind einige). Dann aber führt er an, daß auch mittelmäßige Epigramme in der Sammlung sind (wobei er
den Vergleich mit den guten, magnam partem, aus-
läßt), aber noch mehr unbrauchbare. Diesen Gedanken
drückt er kurz und elegant folgendermaßen aus: Mediocria sunt, mala plura (es gibt mittelmäßige und noch
mehr schlechte). Diese Interpretation scheint mir sehr
beachtlich und verdient, bei den kritischen Ausgaben
berücksichtigt zu werden.

I. 17 Horst Rüdiger, unveröffentlicht. – v. 2 f. Wäre der
Sinn des Epigramms nur ein Wortspiel mit der doppel-
ten Bedeutung von magna res („große Sache" und
„viel Geld"), wie Friedländer I. 176 meint, so handelte
es sich in der Tat um nichts anderes als ein „frostiges
Spiel". Ich habe versucht, den Doppelsinn auf einem
anderen Gebiet zu suchen, was sowohl dem Epigramm
einen weniger frostigen als auch Martial entsprechen-
den Charakter gibt.

I. 19 Opitz bei Ram. I. 6.

I. 28 Opitz ebd. 7.

I. 29 Ram. I. 132.

I. 32 Less. 14.

I. 33 Opitz bei Ram. I. 8.

1. 38 Ungenannter Übersetzer bei Ram. I. 9.

1. 43 Ram. I. 135; v. 4 Berg 35. – v. 7 Sassina: Stadt in
Umbrien, etwa 30 Kilometer westlich des heutigen
San Marino. – v. 8 Picenus: Aus Picenum, der Land-
schaft am Adriatischen Meer etwa zwischen Ankona
und dem heutigen Pescara. – v. 14 Charidemus: Ein
Verbrecher, an dem diese Strafe vollzogen worden war.

1. 47 Berg 36.

1. 54 Ungen. bei Ram. I. 11.

1. 56 Rüd.

1. 62 Ram. I. 143. – v. 3 f. Lucrinus – Avernus – Baianae
aqua: Lukriner und Averner See liegen bei dem durch
seine Sittenlosigkeit berüchtigten Seebad Bajä, etwa
15 km westlich von Neapel.

1. 71 Rüd. – v. 1 ff. Die Sitte des Namentrinkens besteht
darin, daß man so viele Schöpfkellen in den Becher
füllt, wie der Name Buchstaben enthält. – v. 3 Faler-
num: Wein vom Ager Falernus, etwa 40 km nordwestlich von Neapel.

1. 72 Opitz bei Ram. I. 14.

1. 73 Johann v. Alxinger (1755–1797), Sämmtliche Werke
VIII, Wien 1812, S. 123.

1. 81 Less. 8.

1. 83 Less. 18.

1. 84 Ram. I. 149.

1. 91 Berg 53.

1. 100 Rüd.

1. 102 Ungen. bei Ram. I. 18.

1. 107 Ungen. ebd. 20.

1. 109 Ram. I. 156. – v. 1 Passer Catulli: Dieses Gedicht zeigt
deutlich die Übernahme eines Motivs von Katull
(Carm. 3, das Gedicht auf den Tod des Sperlings) durch
Martial, aber auch seine charakteristischen Abwand-
lungen.

1. 110 Ungen. bei Ram. I. 21.

I. 117 Rüd. – v. 6 Pirus: Der „Birnbaum" ist wahrscheinlich eine Gegend oder ein Haus in Rom, wo Martial zur Miete wohnt. – v. 9 Argiletum: Ein Platz in Rom beim Cäsar-Forum. – v. 16 Die Enden der Bücher-rollen werden gebimst und in eine purpurfarbene Hülle gelegt.

I. 118 Ungen. bei Ram. I. 22.

II.   5 Less. 20.

II.   7 Ram. I. 160.

II.   8 Ram. I. 161; v. 6 Berg 68.

II.   9 Berg 69.

II.   11 Ram. I. 25.

II.   12 Berg 69. – v. 1 Der Mundgeruch hat bei Martial meist obszönen Sinn; es handelt sich also um einen cunni-lingus.

II.   13 Rüd.

II.   20 Berg 72.

II.   21 Less. 23. – Vgl. Anm. zu II. 12.

II.   25 Berg 73.

II.   32 Friedrich v. Hagedorn (1708–1754) bei Ram. I. 30.

II.   35 Berg 76.

II.   38 Less. 44. – v. 1 Nomentum: Ein Ort etwa 20 km nordöstlich von Rom, wo Martial ein Landgut besitzt.

II.   41 Berg 78 f. – v. 2 Paelignus poeta: Ovid stammte aus Sulmo, einer Stadt östlich von Rom, wo der Stamm der sabinischen Päligner wohnte. – v. 10 ff. Die Namen vertreten bestimmte, allgemein bekannte Typen. – v. 14 Coniunx Priami nurusque maior: Hekuba und Andromache, die nach Trojas Fall um ihre Männer trauerten. – v. 15 Mimus Philistionis: Philistion ist der Verfasser wahrscheinlich griechisch geschriebener Mi-menspiele.

II.   44 Hermann Sternbach (die Übersetzung erschien 1922) 68. – Mit freundlicher Erlaubnis des Propyläen-Verlages.

II. 53 Hagedorn bei Ram. I. 33. – v. 4 Veientana uva: Schlechter Wein aus Veji, einer Stadt etwa 20 km nordwestlich
von Rom.

II. 55 Ram. I. 34.

II. 56 Berg 84.

II. 58 Rüd.

II. 63 Ram. I. 35.

II. 67 Berg 87.

II. 71 Berg 88.

II. 80 Ungen. bei Ram. I. 39.

II. 82 Berg 91.

II. 87 Berg 93.

II. 90 Rüd. v. 1 Quintilianus: M. Fabius Qu., der berühmte
Lehrer der Redekunst, Martials Landsmann. – v. 6 Im
Atrium, dem Vorraum des römischen Hauses, werden
die Ahnenbilder aufgestellt. Wer viele davon hat, ist
vornehmer Abkunft und hat entsprechend größere
öffentliche Verpflichtungen.

III. 8 Less. 25.

III. 9 Less. 23.

III. 10 Berg 99.

III. 12 Joachim Beccau (um 1690–1755) bei Ram. I. 42. –
v. 1, 4 f. Beim Trinkgelage ist es Sitte, daß der Wirt
den Gästen balsamische Salben anbietet; aber auch die
Leichen werden einbalsamiert.

III. 13 Ram. I. 42.

III. 15 Berg 100.

III. 18 Berg 101.

III. 26 Opitz, Teutsche Gedichte II, Fckft./M. 1746, S. 741. –
v. 2 Murrina: Das „Geschirr" sind wertvolle, wahrscheinlich aus Achat oder Flußspat hergestellte Ge-
fäße. – v. 3 Massica: Wein vom Berge Massikus an
der Grenze von Latium und Kampanien, etwa 45 km
nordwestlich von Neapel. Opitz hat den Wein vom

Ager Falernus in unmittelbarer Nähe des Massikus eingesetzt. – Caecuba: Wein vom Ager Caecubus in Latium, etwa in der Mitte zwischen Rom und Neapel. Opitz nennt den Wein nach der in der Nähe liegenden Stadt Fundi. – Opimius: Er war 121 v. Chr. Konsul; damals war ein besonders gutes Weinjahr, das nach dem Konsul genannt wird.

III. 30 Berg 105. – v. 1 Domitian hatte die Geldspenden der Patrone an ihre Klienten für alle möglichen geleisteten Dienste aufgehoben; auch wurde keine Entschädigung für eine entgangene Einladung bezahlt.

III. 32 Berg 106.

III. 35 Berg ebd.

III. 37 Rüd. – v. 1 f. Gemeint sind die Patrone, die ihren Klienten gegenüber nur Rechte und keine Pflichten zu haben glauben.

III. 38 Berg 107. – v. 4 Triplex forum: Das Forum Romanum, Iulium und Augusti, die für die Gerichtsverhandlungen bestimmt sind.

III. 41 (40) Ungen. bei Ram. 1. 46.

III. 42 Berg 108.

III. 43 Opitz bei Ram. 1. 47.

III. 44 Ram. 1. 48.

III. 51 Berg 111 f.

III. 53 Rüd.

III. 54 Rüd.

III. 55 Ram. 1. 50.

III. 57 Berg 113. – v. 1 f. Ravenna lag im Altertum am Meere und hatte wenig Trinkwasser. Der gemischte Wein ist hier also wertvoller als der lautere.

III. 59 Rüd. – v. 1 f. Emporkömmlinge, die ihren Reichtum zeigen wollen, veranstalten für das Volk Spiele, was nur von einem bestimmten Vermögen ab gestattet ist.

III. 61 Berg 115.

III. 67 Rüd. – v. 2 Vaternus Rasinaque: Zwei rechte Neben-

flüßchen des rechten Armes am Podelta; der Vaternus
(oder Vatrenus oder Saternus, der heutige Santerno)
fließt durch Forum Cornelii (heute Imola). – v. 5 Phaeton – Aethon: Der Sonnengott und ein Sonnenroß. –
v. 10 nautae – Argonautae: Das Wortspiel ist im Deutschen kaum wiederzugeben. Argonautae sind die Teil-
nehmer am Argonautenzuge; zugleich bedeutet ἀργός
„faul", Argonautae also „faule Seeleute".

III. 68 Berg 118 f. – v. 8 Die Nachbildung eines männlichen
Gliedes wird von den römischen Frauen bei einem
Fest im Juni der Venus übergeben. Der obszöne Kult
stammt aus Ägypten. – v. 9 Ein Priapus.

III. 70 Berg 119.

III. 79 Less. 18.

III. 89 Rüd.

III. 90 Berg 125.

III. 94 Ram. I. 51.

III. 100 Berg 129.

IV. 4 Berg 132. – v. 2 Albula: Schwefelhaltiges Flüßchen
östlich von Rom. – v. 5 Vardaicus (sc. calceus): Der
Halbstiefel des Veteranen, der nach den Vardäern
(oder Bardäern), einem illyrischen Volksstamm, genannt wird.

IV. 8 Ram. II. 3. – v. 1 ff. Die Stunden werden von Sonnen-
aufgang gerechnet. – v. 7 f. Euphemus: Domitians
Mundschenk, an den das Gedicht mit höfischer Raffi-
nesse gerichtet ist. – v. 8 f. Die Cäsarenvergötterung
führt dazu, daß Martial den Kaiser die Götterspeisen
genießen läßt. – v. 12 Matutinus Iupiter: Jupiter-
Domitians „Morgengesicht" ist das Gesicht des Staats-
mannes, der am Morgen seine Geschäfte erledigt.

IV. 12 Berg 135.

IV. 13 Ram. II. 6. – v. 2 Hymenaeus: Der Hochzeitsgott.

IV. 15 Ram. II. 8.

IV. 20 Rüd.

IV. 21 Sternb. 121.

IV. 24 Berg 140.

IV. 27 Ram. II. 14.

IV. 32 Opitz bei Ram. I. 53. – V. 1 Phaethontis gutta: Der
Bernstein, zu dem die Tränen der Schwestern des
Sonnengottes Phaeton, der Heliaden, wurden, als sie
über den Tod ihres vom Himmelsgewölbe abgestürzten
Bruders weinten und von den Göttern in Lärchen
(Heliadenbäume) verwandelt wurden.

IV. 38 Rüd.

IV. 41 Ram. I. 53.

IV. 51 Ram. II. 26. – V. 3 Dea caeca: Fortuna, die Glücks-
göttin.

IV. 54 Berg 151 f. – V. 1 Tarpeia quercus: Ein Eichenkranz
wird dem Sieger in den kapitolinischen oder tarpejischen
Spielen verliehen. – V. 5 Lanificae tres puellae: Die
„spinnenden Schwestern", die Schicksalsgöttinnen
Klotho, Lachesis und – die letzte (V. 10) – Atropos. –
V. 7 Crispus: Die gemeinte Person ist nicht ganz sicher,
vielleicht Neros Stiefvater. – V. 8 Melior: Atedius M.,
ein Freund Martials und reicher Gastgeber.

IV. 59 Opitz bei Ram. I. 54. – V. 1 Flentes Heliadum rami:
[Harz] tränende Lärchenzweige.

IV. 64 Berg 156 ff. – V. 2 Horti Hesperidum: Hier bewachten
die Töchter des Atlas, die Hesperiden, den Wunder-
baum mit den goldenen Äpfeln. – V. 3 Ianiculum: Der
römische Hügel am rechten Tiberufer. – V. 13 Albani
Tusculique colles: Etwa 25 km südöstlich von Rom.
– V. 15 Fidenae: Ort am Tiber, etwa 10 km oberhalb
von Rom. – Saxa Rubra („Rote Felsen"): Ein Flecken
in Etrurien, bei dem sich Steinbrüche befinden. –
V. 17 Anna Perenna: Eine alte römische Göttin. –
V. 18 Flaminia: Die von Rom nach Norden bis Arimi-
nium (heute Rimini) führende Landstraße. – Salaria

(„Salzstraße"): Die von Rom nach Nordosten an die Adria führende Landstraße. – v. 23 Mulvius: Die von der Via Flaminia überschrittene Tiberbrücke (heute Ponte Milvio). – v. 29 Alcinous: Der Phäaken-König, von dem Odysseus Gastfreundschaft erfuhr. – v. 30 Molorchus: Ihm hatte Domitian einen Tempel errichtet, da er den Herakles gastlich aufgenommen hatte. – v. 32 Tibur: Villenort in den Bergen, etwa 25 km östlich von Rom (heute Tivoli). – v. 33 Praeneste: Etwas weiter östlich davon liegender Ort (heute Palestrina). – v. 34 Setia: Weinstädtchen am Hang der Monti Lepini, etwa 60 km südöstlich von Rom (heute Sezze).

IV. 65 Rüd.

IV. 69 Ungen. bei Ram. I. 55.

IV. 71 Ram. II. 36.

IV. 72 Rüd. – v. 2 Bibliopola Tryphon: Martials Verleger.

IV. 76 Berg 161.

IV. 77 Ram. I. 56.

IV. 81 Ram. II. 40.

IV. 83 Beccau bei Ram. I. 58.

IV. 87 Berg 164.

IV. 89 Ram. II. 41. – v. 2 Umbilici: „Nabel" des Buches heißen die knopfartigen Verzierungen an den Enden der Stäbe, um welche der den Buchtext tragende Papyrusstreifen gewickelt wird.

v. 4 Ram. II. 43. – v. 3 Cauta fronde: „Gesichert" darum, weil der Lorbeer dem Apollon geweiht ist.

v. 9 Ram. I. 59.

v. 10 Berg 171. – v. 5 Pompei umbra: Eine nach Pompejus benannte Allee. – v. 6 Catuli vilia templa: Q. Lutatius C. hatte einen schlichten Tempel auf dem Kapitol erbaut, der nach einem Brande von Domitian prächtig wiederaufgebaut wurde. – v. 7 Ennius: Qu. E. (239 bis 169) war der Verfasser der „Annales", die bis zu

Vergils („Maros") „Aeneis" als römisches National-
epos galten. – v. 10 Corinna: Ovids Freundin.
v. 12 Rüd. – v. 6 f. Mit Friedländer I. 392 und den dort an-
geführten Gewährsmännern an die neun Musen und
Stellas Geliebte oder an die neun Musen und Minerva
oder an zehn „weibliche" Edelsteine zu denken, scheint
mir abwegig. Es soll sich doch im Gegensatz zu den
„Muskelprotzen" offenbar um einen Frauenprotzen
handeln.
v. 13 Opitz bei Ram. I. 59. – v. 7 Syene: Stadt am Nil. –
v. 8 Gallica Parma: Parma in der Provinz Gallia Cis-
padana ist durch seine Wolle bekannt.
v. 17 Sternb. 152.
v. 20 Ram. I. 60. – v. 9 Virgo: Es liegt näher, das Wort mit
Heraeus in der Bedeutung „Mädchen" zu nehmen,
als darunter den Namen eines kleinen, nach Rom ge-
leiteten Gebirgsbaches zu verstehen.
v. 28 Rüd. – v. 3 Fratres Curvii: Die Brüder Domitius Tul-
lus und Domitius Lucanus, die auch den Geschlechts-
namen Curvius führten. – v. 4 Ruso: Unbekannte
Persönlichkeit. – v. 5 Macer: Wahrscheinlich ein Pro-
prätor in Dalmatien. – Mauricus: Ein sonst kaum
bekannter Vertreter der aequitas. – v. 6 Regulus: Ent-
weder der Patriot Atilius R., der 225 v. Chr. von den
Karthagern gefangengenommen wurde und in die Ge-
fangenschaft zurückkehrte, nachdem er in Rom einem
Schmachfrieden widerraten hatte; oder Aquilius R.,
ein bekannter Rechtsanwalt und Gönner Martials. –
Paulus: Wahrscheinlich ein bekannter Witzbold.
v. 37 Ram. II. 59 f. – v. 1 Senes cygni: Vor dem Tode sollen
die Schwäne schön singen. – v. 2 Agna Galaesi Phalantini: Der Galäsus fließt bei Tarent, das von dem Griechen Phalantos kolonisiert worden war und durch
seine Wolle berühmt ist. – v. 7 Baeticus grex: Die
Herden am Bätis (heute Guadalquivir) in Spanien, an

dessen Ufern gute Wolle erzielt wird. – v. 9 Paestum:
Ort am Tyrrhenischen Meer in der Provinz Lukanien.
– v. 10 Atticarum mella cerarum: Am Berge Hymettos
in Attika wird der beste Honig gewonnen.

v. 42 Opitz bei Ram. I. 61.

v. 43 Ungen. bei Ram. I. 62.

v. 47 Opitz bei Ram. I. 62.

v. 49 Berg 186. – v. 11 Geryon: Der von Herkules erschla-
gene Riese. – v. 12 f. Porticus Philippi: Eine Säulenhalle um einen Tempel mit einer Herkules-Statue.

v. 52 Berg 187.

v. 54 Ram. II. 62.

v. 57 Ungen. bei Ram. I. 64. – v. 1 f. Die Übersetzung entspricht nicht ganz dem Sinn. Begegnet man jemandem,
an den man sich nicht genau erinnert – also etwa auch
einem Sklaven –, so begrüßt man ihn mit dem Anruf
„Domine!"

v. 58 Berg 189.

v. 60 Berg 189.

v. 64 Ram. II. 65. – v. 1 Sextantes: Ein Weinmaß, das zwei
Schöpfkellen aufnimmt. – v. 2 Aestivae nives: Zur
Kühlung wird der Wein durch ein Sieb mit Schnee
gegossen.

v. 73 Berg 194.

v. 74 Ungen. bei Ram. I. 68. – v. 1 Asia atque Europa: Sextus Pompejus wurde in Phrygien getötet, Gnäus Pompejus in Spanien. – v. 2 Terra Libyes: Pompejus Magnus wurde in Ägypten ermordet.

v. 76 Berg 194. – v. 1 Mithridates: Kleinasiatischer Herrscher (111–63 v. Chr.), der sich vergiften wollte, als
sich sein Sohn gegen ihn auflehnte. Da er aber Gift
zu oft als Vorbeugungsmittel genommen hatte, blieb
es unwirksam.

v. 81 Less. 18.

VI. 11 Ram. II. 79. – V. 7 Cadmea Tyros: Kadmos war ein phönizischer König, in dessen Gebiet die durch ihren Purpur berühmte Stadt Tyros lag.

VI. 14 Ungen. bei Ram. I. 70.

VI. 15 Opitz bei Ram. I. 70.

VI. 16 Berg 204.

VI. 17 Ungen. bei Ram. I. 71. – V. 3 f. Furius – fur: Das Wortspiel läßt sich nicht wörtlich wiedergeben; Furius ist ein römischer Geschlechtsname, fur bedeutet „Dieb" oder „Spitzbube". Namensänderungen nehmen Freigelassene vor, die ihren Sklavenstand vergessen machen wollen.

VI. 19 Ram. I. 72.

VI. 23 Berg 206.

VI. 35 Berg 209 f. – V. 1 Clepsydrae: Wasseruhren dienen dazu, den Rednern vor Gericht die Zeit zuzumessen.

VI. 40 Ram. II. 89.

VI. 48 Berg 215.

VI. 52 Berg 216.

VI. 53 Johann Heinrich Voß (1751–1826), Sämtliche Gedichte VI, Königsb. 1802, S. 280.

VI. 57 Ram. II. 92.

VI. 59 Ram. II. 94.

VI. 60 (61) Rüd.

VI. 63 Berg 218 f.

VI. 65 Ram. II. 99.

VI. 70 Ram. II. 101. – V. 5 Ostendit digitum: Das Herausstrecken des Mittelfingers aus der geballten Faust ist eine obszöne Geste des Spottes. – V. 6 Alcon, Dasius, Symmachus: Ärzte.

VI. 72 Berg 223.

VI. 74 Ram. II. 102. – V. 3 Lentiscus: Mastixholz wird zu Zahnstochern verwendet.

VI. 79 Hagedorn bei Ram. I. 75.

VI. 80 Ram. II. 106.

VI. 82 Rüd. – v. 6 Auris Batava: Die Bataver sind ein Volksstamm an der Rheinmündung, der bei den Römern als
ungebildet gilt.

VII. 3 Ram. II. 112.
VII. 4 Sternb. 205.
VII. 9 Less. 32.
VII. 10 Rüd.
VII. 17 Ram. II. 120.
VII. 25 Ram. II. 124. – v. 7 Mariscae: Eine Art unangenehm
schmeckender Feigen.

VII. 27 Ram. II. 126. – v. 1 Tusca glans: Tuscien ist ein anderer Name für die an Eichen reiche Landschaft Etrurien. – v. 2 Aetola fera: Der in der westgriechischen
Landschaft Ätolien von Meleager erlegte Eber.

VII. 31 Ram. II. 128. – v. 10 Marmor tertium: Der dritte
Marmorstein an der Landstraße von Rom aus; also
sehr nahe bei Rom und daher sehr wertvoll. – v. 11
Tusci Tusculive: Die Pächter in Etrurien oder Tus-
kulum. – v. 12 Subura: Eine Gegend in Rom bei den
Kaiserforen (etwa an der heutigen Via Cavour), wo
Markt abgehalten wird.

VII. 36 Berg 245.
VII. 42 Berg 247. – v. 6 Alcinous: Sein gutes Obst ist berühmt.
VII. 46 Berg 248.
VII. 48 Ram. II. 138. – v. 5 Ambulans cena: Bei einem „Lauf-
bankett" hat der Gast keine rechte Gelegenheit zu-
zugreifen.

VII. 51 Ram. II. 139. – v. 4 Ultoris Martis aedes: Der Tempel
des Mars als Rächers befindet sich neben den Kaiserforen. – v. 11 Decuma: Die „zehnte Stunde des Tages"
ist gegen Abend.

VII. 54 Berg 251. – v. 5 Salsa mola: Salzschrot ist ein Opfer-
zubehör.

VII. 61 Berg 253 f. – v. 3 Germanicus: Domitians Ehrenname nach seinen Siegen in Deutschland.

VII. 65 Rüd.

VII. 71 Berg 257.

VII. 76 Ungen. bei Ram. I. 79.

VII. 77 Ram. ebd.

VII. 81 Rüd.

VII. 83 Berg 262.

VII. 85 Ram. I. 80.

VII. 86 Berg 262 f.

VII. 92 Ram. II. 158.

VII. 97 Ram. II. 161. – v. 8 Turnus: Ein Satirendichter.

VII. 98 Less. 16.

VIII. 6 Berg 272 f. – v. 2 Saguntinum lutum: Ton aus Sagunt, einer Stadt an der spanischen Mittelmeerküste, etwa 40 km nördlich von Valencia (heute Sagunto). – v. 5 f. Laomedonteae mensae: Laomedon war Priamus' Vater, der Apollon den Pokal für den Bau der trojanischen Mauern versprochen hatte. – v. 9 f. Duo fundi columba: Der Doppelpokal ist im XI. Gesang der „Ilias", v. 633 ff., folgendermaßen beschrieben: „. . . Rings mit goldenen Buckeln beschlagen; die Seiten des Bechers / Schmückten der Henkel vier und an jedem von ihnen zwei goldne / Pickende Tauben, auch gingen zum Fuß des Bechers zwei Stützen. / . . . Nestor, der Alte, hob ihn wie spielend." (Übersetzung von Thassilo v. Scheffer). – v. 13 Bitias: Ein Fürst aus Didos Umgebung, der bei dem erwähnten Mahle zugegen war. – v. 16 Astyanax: Priamus' Enkel, also im Gegensatz zu dem Alten sehr jung, d. h. auf den Wein übertragen: „Heuriger".

VIII. 9 Rüd.

VIII. 12 Berg 274.

VIII. 17 Berg 275 f.

VIII. 19 Rüd.

VIII. 20 Less. 31.

VIII. 23 Ram. I. 83.

VIII. 27 Rüd.

VIII. 29 Ram. III. 18.

VIII. 32 Ram. III. 20. – v. 6 Dominus mundi: Der „Weltherrscher" ist Domitian.

VIII. 35 Heinrich Bockemeyer (Zeit nicht feststellbar) bei Ram.
I. 85.

VIII. 40 Ram. III. 26.

VIII. 41 Ram. ebd. – v. 2 Medius brumae mensis: Das Saturnalienfest fällt auf Mitte Dezember.

VIII. 43 Karl Friedrich Kretschmann (1738–1809) bei Ram. I. 85.
– v. 4 Libitina: Die Todesgöttin.

VIII. 44 Rüd. – v. 6 f. Die genannten Örtlichkeiten liegen alle
in der Nähe der Foren, wo sich die Geschäfte ab-
spielen. – Omnes tertiaeque quintaeque: Von der dritten bis zur fünften Stunde römischer Zeit, d. h. also
während des geschäftereichen Vormittags.

VIII. 47 Rüd.

VIII. 51 (49) Berg 287.

VIII. 52 Berg 289. – v. 3 Drusi: Nero und Klaudius.

VIII. 54 (53) Opitz bei Ram. I. 85.

VIII. 57 Ungen. bei Ram. I. 86.

VIII. 59 Ram. III. 34. – v. 4 Autolycus: Sohn Merkurs, der die
Kunst des Diebstahls geerbt hatte.

VIII. 60 Rüd. – v. 1 Palatinus colossus: Welcher Koloß gemeint
ist, bleibt unsicher.

VIII. 61 Berg 293. – v. 9 Ein Sommerhaus und Maulesel sind
ein so bescheidener Besitz, daß Charinus ohne Martials
dichterische Fähigkeiten dabei verhungern müßte.

VIII. 62 Berg ebd.

VIII. 64 Ram. III. 36.

VIII. 68 Opitz bei Ram. I. 87. – v. 1 Corcyraeus rex: Alkinous.

VIII. 69 Less. 31.

VIII. 71 Berg 297. – v. 1 Tempus brumae: Die Zeit des Nebels
ist der Dezember, in den die Saturnalien fallen.
VIII. 72 Ram. III. 41. – v. 2 Morsus pumicis: Die Enden der
Pergamentrollen werden mit Bimsstein geglättet. –
v. 4 Narbo: Stadt an der gallischen Mittelmeerküste
im Golf von Lion (heute Narbonne).
VIII. 73 Ram. III. 42. – v. 9 Paeligni: Die Bewohner der Hei-
mat Ovids (vgl. Anm. zu II. 41, v. 2). – Mantua: Ver-
gils Heimat. – v. 10 Alexis: Ein Freund Vergils.
VIII. 74 Berg 298.
VIII. 76 Ungen. bei Ram. I. 88.
VIII. 77 Ram. III. 43; v. 1 f. und 6 Berg 299.
VIII. 79 Ram. III. 45.

IX. 6 (7) Ram. III. 51.
IX. 7 (8) Berg 306 f. – v. 6 Ausonius pater: Die Ausonier gel-
ten als Ureinwohner Latiums; der „ausonische Vater"
ist also der Kaiser: Domitian. – v. 7 Teneris succurrit
ephebis: Der Kaiser schützt die Jugend, indem er ein
altes Gesetz gegen die Päderastie erneut in Kraft setzt.
IX. 9 (10) Ungen. bei Ram. I. 90.
IX. 10 (5) Berg 306.
IX. 11 Berg 307 f. – v. 3 Hybla: Stadt auf der Südspitze Siziliens, etwa 50 km westlich von Syrakus, die durch
ihren Honig berühmt ist. – v. 4 Ales superba: Der
Phönix, der vor seinem Tod ein wohlriechendes Nest
bauen soll. – v. 6 Cybeles puer: Ihr Geliebter Attis.
– v. 8 Parrhasia aula: Domitians Palast auf dem Palatin
steht dort, wo früher ein Bürger aus Parrhasia (in der
peloponnesischen Landschaft Arkadien) gewohnt hatte.
– v. 11 ff. Der schöne Name lautet eigentlich Earinos
(Ἐαρινός, „Frühlingsmensch"); sein Träger ist ein
Mundschenk Domitians. Die Kürzen der ersten drei
Silben machten ihn für die Dichtung ungeeignet; darum brauchten die griechischen Epiker die poetische

Form *Εἰαρινός*, in der die erste Silbe gelängt war. Martial glaubt, diese Sitte im Lateinischen nicht mitmachen zu dürfen, weil die lateinische Dichtersprache „strengeren Musen" geweiht ist als die griechische, wo man – wie beispielsweise Homer im v. Gesang der „Ilias", v. 31 und 455 – ῏Αρες, ῎Αρες, d.h. die gleiche Form im Versrhythmus bald auf der ersten, bald auf der zweiten Silbe betonen durfte.

IX. 14 Friedrich v. Logau (1604–1655), Sämmtliche Sinngedichte, hrsg. v. Eitner, Tüb. 1872 (= Bibl. d. Litt. Vereins CXIII), S. 168.

IX. 15 Berg 309.

IX. 18 Berg 310. – v. 6 Marcia: Eine nach ihrem Erbauer Q. Marcius Rex benannte Wasserleitung, die etwa neben der Via Valeria aus dem Osten nach Rom führt. – v. 8 Castalis: Die heilige Quelle Apollons und der Musen am Parnaß.

IX. 19 Ram. I. 90.

IX. 25 Berg 313. – v. 5 f. Gorgo versteinerte das Gesicht des Betrachtenden. – v. 10 Phineus: Er wurde von den Göttern geblendet. – Oedipus: Er blendete sich selbst.

IX. 29 Rüd. – v. 3 Euboica Sibylla: Sie erreichte ein Alter von tausend Jahren. Ihren Beinamen trägt sie nach der griechischen Insel Euböa, von der aus Kumä, der Wohnort der Sibylle, etwa 20 km westlich von Neapel, als Kolonie gegründet wurde. – v. 6 Quae turba Serapin amat: Die Isis-Priester verehren den Serapis und brechen bei ihren Kulthandlungen in Schreie aus. – v. 8 Strymonius grex: Der Strymon (heute Struma), dessen Ufer von Kranichen bewohnt waren, mündet östlich der Chalkidike ins Ägäische Meer. – v. 9 Thessalicus rhombus: Die Bewohner der nordgriechischen Landschaft Thessalien sind seit alters durch Zauberkünste verrufen; ein Kreisel diente dabei angeblich zum Herabziehen des Mondes.

IX. 30 Ram. III. 58. – v. 1 Cappadoces: Volksstamm in Kleinasien, der zwischen dem Schwarzen Meer und der Nordgrenze Syriens beheimatet ist.

IX. 32 Berg 316. – v. 6 Crassa Burdigala: Bordeaux ist als Heimat wohlgenährter Spießbürger verrufen.

IX. 35 Ram. III. 59. – v. 3 In Arsacia Pacorus aula: Am Hofe des Arsaces, des ersten Königs der Parther, der für die Römer so gefährlichen Gegner im heutigen Mesopotamien, regiert zur Zeit Martials König Pakorus. – v. 4 Sarmatica manus: Die Sarmaten wohnen in der heutigen Ukraine. – v. 5 Dux Dacus: Die Dazier wohnen im heutigen Siebenbürgen und Rumänien. – v. 7 Pharius Iupiter: Der Jupiter Phariens, d. h. Ägyptens (nach der Insel Pharus vor Alexandria). – v. 9 Iulea oliva: Der goldene Ölzweig, den der Kaiser dem Kämpfer verleiht, der in den Wettspielen von Alba, das von Julus Askanius gegründet worden war, siegt. – v. 10 Aetherius pater: Der Vater des Äthers, Jupiter, verleiht dem Sieger in den kapitolinischen Spielen einen Eichenkranz.

IX. 40 Berg 320.

IX. 46 Opitz bei Ram. I. 91.

IX. 48 Ram. III. 64. – v. 5 Laurens aper: Eber aus Laurentum, einem Küstenort etwa 30 km südlich von Rom. – v. 7 Patres: Die Senatoren.

IX. 50 Berg 324. – v. 5 Bruti puer: Eine lebensvolle Kleinplastik, mit der Martial seine epigrammatische Kunst vergleicht. – Langon: Vielleicht die komische Gestalt aus einer Komödie.

IX. 52 Ram. III. 68. – v. 3 Martial wurde am 1. März geboren.

IX. 53 Ram. ebd. – v. 1 Quintus: Der Empfänger des Gedichts ist der gleiche wie der des vorangehenden Gedichtes, Qu. Ovidius.

IX. 55 Berg 326.

IX. 59 Ram. III. 72 f. – v. 1 Saeptum: Das „Gehege" ist die

Marmoreinfassung eines Platzes, der sich vom Fuße des Kapitols nordwärts erstreckt (etwa von der heutigen Piazza Venezia bis zur Piazza Colonna) bis in die Nähe des Marsfeldes, des Stadtteiles links vom oberen Tiberknie. – v. 10 Citrus: Afrikanischer Lebensbaum. – v. 11 Corinthos: Das korinthische Metall ist besonders wertvoll und hat angeblich einen charakteristischen Geruch.

IX. 66 Berg 332. – v. 2 f. Natorum iura trium: Das Dreikinderrecht ist eine Prämie für Kinderreiche, die aber vom Kaiser, dem „Herrn und Gott", an verdiente Personen auch ohne Kinder verliehen wird. Sie bietet Vorteile aller Art im öffentlichen Leben.

IX. 68 Ram. III. 75. – v. 6 Ram. liest: Causidicum Aemilium . . . Rechtsanwälte lassen sich zu Martials Zeit Reiterstatuen errichten.

IX. 70 Berg 333. – v. 3 Gener atque socer: Cäsar und Pompejus.

IX. 78 Ungen. bei Ram. I. 91.

IX. 81 Ungen. ebd.

IX. 82 Less. 33.

IX. 88 Berg 339.

IX. 96 Berg 341.

IX. 97 Rüd. – v. 5 Caesar uterque: Titus und Domitian.

IX. 98 Ungen. bei Ram. I. 92.

IX. 102 Berg 344.

X. 1 Ram. III. 91.

X. 5 Ram. III. 95. – v. 1 Purpura: Das Kennzeichen der Senatorenwürde. – v. 14 Aeacus: Der Richter in der Unterwelt.

X. 8 Less. 27.

X. 9 Ram. III. 97. – v. 5 Andraemon: Ein Zirkuspferd.

X. 11 Ram. III. 99. – v. 1 Theseus Pirithousque: Berühmtes Freundespaar. – v. 2 Pylades: Der Freund Orests.

X. 13 (20) Rüd. – v. 1 f. Salo Celtiber: Der heutige Jalon, ein rechter Nebenfluß des Ebro. Am Salo, in der Nähe des heutigen Calatayud, etwa 75 km südwestlich von Zaragoza, liegt Martials Heimat Bilbilis an einer Berglehne. – v. 7 Gaetula maspalia: Die Gätuler sind afrikanische Nomaden, die im Gebiete des heutigen Algerien wohnen. – v. 8 Scythicae casae: Die Skythen wohnen in der heutigen Krim und ihrem Hinterland.

X. 16 (15) Berg 353.

X. 19 (18) Ram. III. 103.

X. 22 Berg 356.

X. 23 Ungen. bei Ram. I. 94. – v. 2 Quindecies actae Olympiades: Fünfzehnmal vier, also sechzig Jahre.

X. 24 Berg 356 f. – v. 10 Elysia puella: Proserpina.

X. 29 Berg 358.

X. 30 Rüd. – v. 1 Formiae: Bad am Golf von Gaeta im Tyrrhenischen Meer, etwa 70 km nordwestlich von Neapel (heute Formia). – v. 6 Algidum: Wie Tuskulum in südöstlicher Richtung von Rom, aber einige Kilometer weiter. – v. 7 Antium: Seebad am Tyrrhenischen Meer, etwa 50 km südlich von Rom (heute Anzio). – v. 8 Circe: Seebad am Tyrrhenischen Meer, etwa 80 km südöstlich von Rom (heute Circeji). – Dardanis Caieta: Angeblich von den Troern (Dardanern) gegründeter Ort an der Spitze des gleichnamigen Vorgebirges und Golfes nordwestlich von Neapel (heute Gaeta). – v. 9 Marica: Ein kleiner See bei Minturnä, östlich von Formiä, der nach der Mutter des Latinus heißt. – Liris: Der in den Abruzzen entspringende und bei Minturnä mündende Fluß (heute Liri). – v. 10 Salmacis: Die Nymphe des Lukrinersees bei Bajä.

X. 33 Ram. III. 112; v. 3 f. Berg 360. – v. 2 Cecropius senex: Der „kekropische", d. h. athenische Greis ist Sokrates oder Epikur.

X. 36 Ram. III. 114. – V. 1 f. Massilia: In Marseille wird der Wein geräuchert, um ein höheres Alter vorzutäuschen, wodurch er einen üblen Geschmack annimmt.

X. 38 Ram. III. 117. – Litoris Indici lapilli: Indische Edelsteine sind Liebesgeschenke. – Nicerotianus: Nicerus ist ein Salbenhändler.

X. 39 Rüd. – V. 1 Consul Brutus: In der republikanischen Zeit. – V. 2 Rex Numa: In der Königszeit. – V. 4 Prometheum lutum: In der mythischen Zeit.

X. 43 Less. 7.

X. 45 Ram. III. 120.

X. 46 Rüd.

X. 47 Christian Felix Weiße (1726–1804), Kleine Lyrische Gedichte III, Lpg. 1772, S. 246 f. – V. 11 Den Vers „Ein Herz . . .'' hat Weiße zugedichtet, um wegen des Reimes eine gleiche Verszahl herzustellen.

X. 49 Berg 367 f.

X. 54 Ungen. bei Ram. I. 97.

X. 59 Berg 371.

X. 60 Berg ebd. – V. 1 Iura trium discipulorum: Das „Recht, drei Schüler zu lehren'', ist natürlich von Martial in Anklang an das Dreikinderrecht frei erfunden.

X. 67 Berg 374. – V. 1 Pyrrha: Die mythische Frau Deukalions. – V. 3 Laertes: Vater des Odysseus. – V. 4 Thyestes: Gestalt aus dem trojanischen Sagenkreis.

X. 72 Ram. III. 136. – V. 3 Dominus deusque: Die Anrede „Herr und Gott'' war bei dem verstorbenen Domitian üblich gewesen und von Martial, wie die früheren Gedichte zeigen, selbst gebraucht worden. Dennoch ist natürlich auch dieses Gedicht nichts anderes als raffinierte Schmeichelei, nur dem Geiste des trajanischen Hofes angemessen. – V. 5 Parthi pilleati: Die Parther tragen Filzhüte.

X. 75 Berg 377 f.

X. 76 Ram. III. 138; V. 4 Berg 378. – V. 3 Cappadox eques:

Selbst Sklaven aus den verachteten östlichen Provinzen sind so reich, daß sie die Ritterwürde erkaufen können.

X. 79 Ram. III. 141.

X. 80 Ram. III. 142.

X. 84 Ungen. bei Ram. I. 97.

X. 95 Berg 385.

X. 96 Ram. III. 148 f. – v. 13 Reges: Die Patrone werden mit dieser Anrede umschmeichelt.

X. 97 Berg 386. – v. 1 Libitina: Der als Todesgöttin personifizierte Scheiterhaufen.

X. 102 Berg 387.

X. 103 Opitz bei Ram. I. 99.

XI. 6 Ram. III. 156. – v. 1 Falcifer senex: Saturn trägt als Attribut eine Sichel. – v. 4 Pilleata Roma: Der Hut ist das Zeichen der Freiheit, das bei dem ausgelassenen Saturnalienfest auch den Sklaven zu tragen erlaubt ist. – v. 10 Pythagoras: Neros Mundschenk. – v. 15 f. Vgl. Catullus, Carm. 5 und 3.

XI. 7 Ram. III. 157. – v. 3 Albanum (praedium): Auf sein Schloß in den Albaner Bergen läßt Domitian gern Frauen kommen. – v. 12 Sinuessanus lacus: Bad am Tyrrhenischen Meer, etwa 45 km nordwestlich von Neapel.

XI. 8 Ram. III. 158. – v. 5 Serica: Die Kaiserin trägt parfümierte Gewänder aus serischer, d. h. ostasiatischer Seide, die in Pressen aufbewahrt werden. – v. 9 Cosmus: Roms bekanntester Salbenhändler.

XI. 12 Ram. III. 160.

XI. 17 Rüd.

XI. 18 Berg 396 f. – v. 2 Rus in fenestra: Blumen vor dem Fenster. – v. 9 Cosmi folium piperve crudum: Das „Blatt" des Salbenhändlers Kosmus, also ein essenzhaltiges Gewächs, und grüner Pfeffer gedeihen in Italien gar nicht. Der Sinn ist demnach: Man findet gar kein Gemüse. – v. 21 Falx mentulaque: Der Priapus trägt als Attribute außer dem Fruchtbarkeitssymbol des Gliedes eine Sichel.

XI. 24 Ram. III. 164. – v. 1 ff. Klientenpflichten. – v. 9 f. hat Ramler zu e i n e m Vers zusammengezogen. – v. 15 D. h. wenn er vom Patron Einladungen erjagen will.

XI. 32 Berg 402 f.

XI. 34 Ram. I. 102.

XI. 35 Less. 29.

XI. 39 Opitz bei Ram. I. 103.

XI. 40 Berg 405.

XI. 42 Berg ebd.

XI. 52 Berg 408 f. – v. 10 Velabrensis focus: Das Velabrum ist ein Stadtteil an der Nordwestseite Roms, wo auf Herden Räucherkäse hergestellt wird.

XI. 56 Heinrich Mühlpfort (1639–1681) bei Ram. I. 105. – v. 9 Leuconicae lanae: Die Leukonen oder Leucer wohnen in Gallien westlich der Vogesen; ihre Schafzucht ist berühmt.

XI. 59 Rüd.

XI. 60 Berg 412. – v. 6 Hygia: Es könnte auch der Name einer Ärztin sein.

XI. 64 Rüd.

XI. 66 Rüd.

XI. 67 Ungen. bei Ram. I. 106.

XI. 71 Berg 415.

XI. 79 Ungen. bei Ram. I. 107.

XI. 82 Berg 418. – v. 3 Elpenor: Der jüngste Gefährte des Odysseus, der berauscht auf Kirkes Hausdach schläft, beim Aufbruch erschreckt herunterstürzt und stirbt.

XI. 83 Ungen. bei Ram. I. 107.

XI. 89 Rüd.

XI. 92 Rüd.

XI. 93 Berg 421.

XI. 97 Berg 422.

XI. 101 Berg 423.

XI. 103 Berg 424.

XI. 107 Berg 425.

XI. 108 Rüd. – v. 3 f. Lupus: Ein Geldverleiher. – Die Stelle
scheint zu beweisen, daß die Dichter zu Martials Zeit
kein Honorar erhalten, sondern auf Unterstützung be-
geisterter Leser angewiesen sind, um das Nötigste zu
bestreiten.

XII. 4 (5) Sternb. 388. – v. 1 ff. Martial überreicht mit diesem Gedicht dem Kaiser Nerva eine Auswahl aus dem
noch unter Domitian erschienenen und dann aus politischen Gründen gekürzten X. und XI. Buche.

XII. 7 Rüd.

XII. 10 Ungen. bei Ram. I. 109.

XII. 12 Andreas Tscherning (1611–1659), Deutscher Getichte
Früling² . . ., Rost. o. J. (= 1642), S. 284.

XII. 13 Ludw. H. v. Nicolay (1737–1820) bei Ram. I. 110.

XII. 14 Berg 432.

XII. 17 Berg 433.

XII. 22 Berg 435.

XII. 24 Berg 435 f.

XII. 28 (29) Berg 437 f. – v. 5 Ein Aberglaube. – v. 6 Iris:
Die Göttin des Regens oder Regenbogens. – v. 7 Ein
verletzter Fechter, der die Sympathie der Zuschauer
gewonnen hat, wird durch Tücherwinken losgebeten.
– v. 11 f. Gewöhnlich bringen die Gäste das Tuch, das
als Mund- und Handtuch dient, bei einer Einladung
mit. Da sie es in diesem Falle unterlassen, muß der
Dieb sich mit einem Tischtuch begnügen. – v. 13 f.
Wahrscheinlich von Gurten oder Beschlägen. – v. 19
Sistrata turba: Die Schar der Isis-Priester mit dem
Sistrum, einer Lärmklapper.

XII. 30 Ungen. bei Ram. I. 111.

XII. 31 Opitz ebd. – v. 7 Domina: Marcella ist nicht die „Frau"
Martials, wie Opitz hier nach der Interpretation seiner

Zeit übersetzt und später noch Lessing meint, sondern seine „Herrin", d. h. seine Patronin.

XII. 34 Ram. I. 112.

XII. 40 Berg 442.

XII. 46 (47) Opitz bei Ram. I. 113.

XII. 47 (46) Rüd.

XII. 50 Berg 445.

XII. 51 Sternb. 402.

XII. 53 Berg 446 f. – v. 4 f. Draco ... custos Scythici luci: Der „Wächter vorm Hain von Kolchos" ist der Drache, der das goldene Vlies bewacht.

XII. 54 Daniel Georg Morhof (1639–1691), Teutsche Gedichte, Kiel 1682, S. 346, mit Ramlers Überarbeitung I. 115.

XII. 58 Rüd.

XII. 61 Rüd.

XII. 73 Ungen. bei Ram. I. 116.

XII. 78 Berg 456.

XII. 82 Berg 456 f. – Vgl. Theophrast, Char. II, besonders zu v. 9 f. und 12, wo es sich bei Theophrast um das Zudecken des frierenden Gönners handelt. Die Schlußwendung Martials bezieht sich auf den Klientendienst. – v. 11 Es ist unklar, worin der Dienst des Schmeichlers bestehen soll.

XII. 87 Berg 458.

XII. 88 Rüd.

XII. 90 Berg 458 f.

XII. 92 Ram. I. 117.

Epigrammaton liber (de spectaculis) 9 Berg 8. – v. 4 Taurus – taurus: Das Wortspiel läßt sich nicht wiedergeben; es wird dadurch verständlich, daß das Nashorn „äthiopischer Stier" genannt wird.

De spect. 17 Berg 10.

De spect. 25 b Berg 13.

De spect. 32 (31) Rüd.

Xenion (XIII) 2 Ram. I. 120.

Xen. 5 Berg 464. – v. 1 Bei der Verlosung von Geschenken.

Xen. 18 Berg 466.

Xen. 21 Rüd. – v. 1 Aequorea Ravenna: Obwohl Ravenna früher am Meer lag, dürften hier keine am Meer gewachsenen Spargel gemeint sein, wie Berg 467 übersetzt, sondern solche aus den im Altertum versumpften Lagunen oder Kanälen.

Xen. 46 Ram. I. 121. – v. 2 Adoptivi (rami): Aprikosenstamm.

Xen. 48 Ram. ebd.

Xen. 51 Ram. I. 122.

Xen. 52 Berg 472.

Xen. 58 Opitz bei Ram. I. 122.

Xen. 76 Berg 475.

Xen. 77 Opitz bei Ram. I. 122.

Xen. 92 Berg 478.

Xen. 94 Berg ebd.

Apophoreton (XIV) 2 Berg 486.

Ap. 6 Rüd.

Ap. 10 Berg 487. – Diesem Gedicht entspricht das nächste über Chartae epistolares (Briefpapier) als ein minder wertvolles „Apophoreton", d. h. Saturnaliengeschenk. Die Anordnung des ganzen Buches scheint ursprünglich so gewesen zu sein, daß einem wertvollen, von einem Reichen gespendeten Geschenk eins von geringerem Wert von einem Armen gegenüberstand. Doch ist durch die Überlieferung der Zusammenhang nicht immer gewahrt geblieben; auch hat vielleicht schon Martial selbst die Anordnung nicht überall eingehalten.

Ap. 12 Berg 488. – Das Geschenk des Reichen.

Ap. 13 Berg ebd. – Das Geschenk des Armen.

Ap. 32 Berg 491.

Ap. 37 Berg ebd.

Ap. 39 Berg 492.

Ap. 66 Berg 496.
Ap. 130 Berg 506.
Ap. 134 Berg 507.
Ap. 137 (142) Berg 508.
Ap. 143 Rüd.
Ap. 151 Berg 510.
Ap. 165 Berg 512.
Ap. 175 Berg 514.
Ap. 196 Berg 517. Vermutlich Lehrgedicht des Licinius Kalvus.
Ap. 197 Opitz bei Ram. I. 124.
Ap. 200 Berg 518.
Ap. 208 Berg 519.
Ap. 220 Berg 521.

Verzeichnis der Übersetzer

Eckige Klammern bedeuten, daß aus der Übertragung des betreffenden Übersetzers nur wenige Verse wiedergegeben sind, während der größere Teil der Übertragung von einem anderen Übersetzer gewählt ist; Einzelheiten finden sich bei den Anmerkungen zu dem Gedicht. Runde Klammern schließen wie in den Anmerkungen die Gedichtnummern der älteren Ausgaben ein.

Alxinger: I. 73.

Beccau: III. 12. – IV. 83.

Berg: Vorrede zu I [Prosa], I. 4, 8, [43], 47, 91. – II. [8], 9, 12, 20, 25, 35, 41, 56, 67, 71, 82, 87. – III. 10, 15, 18, 30, 32, 35, 38, 42, 51, 57, 61, 68, 70, 90, 100. – IV. 4, 12, 24, 54, 64, 76, 87. – V. 10, 49, 52, 58, 60, 73, 76. – VI. 16, 23, 35, 48, 52, 63, 72. – VII. 36, 42, 46, 54, 61, 71, 83, 86. – VIII. 6, 12, 17, 51 (49), 52, 61, 62, 71, 74, [77]. – IX. 7 (8), 10 (5), 11, 15, 18, 25, 32, 40, 50, 55, 66, 70, 88, 96, 102. – X. 16 (15), 22, 24, 29, [33], 49, 59, 60, 67, 75, [76], 95, 97, 102. – XI. 18, 32, 40, 42, 52, 60, 71, 82, 93, 97, 101, 103, 107. – XII. 14, 17, 22, 24, 28 (29), 40, 50, 53, 78, 82, 87, 90. – De spect. 9, 17, 25 b. – Xen. 5, 18, 52, 76, 92, 94. – Ap. 2, 10, 12, 13, 32, 37, 39, 66, 130, 134, 137 (142), 151, 165, 175, 196, 200, 208, 220.

Bockemeyer: VIII. 35.

Hagedorn: II. 32, 53. – VI. 79.

Kretschmann: VIII. 43.

Lessing: I. 9, 32, 81, 83. – II. 5, 21, 38. – III. 8, 9, 79. – V. 81. – VII. 9, 98. – VIII. 20, 69. – IX. 82. – X. 8, 43. – XI. 35.

Logau: IX. 14.

Morhof: XII. 54.

Mühlpfort: XI. 56.

L. H. v. Nicolai: XII. 13.

Opitz: Vorrede zu I [Verse], I. 15, 16, 19, 28, 33, 72. – III. 26, 43. – IV. 32, 59. – V. 13, 42, 47. – VI. 15. – VIII. 54 (53), 68. – IX. 46. – X. 103. – XI. 39. – XII. 31, 46 (47). – Xen. 58, 77. – Ap. 197.

Ramler: I. 1, 29, 43, 62, 84, 109. – II. 7, 8, 11, 55, 63. – III. 13, 44, 55, 94. – IV. 8, 13, 15, 27, 41, 51, 71, 77, 81, 89. – V. 4, 9, 20, 37, 54, 64. – VI. 11, 19, 40, 57, 59, 65, 70, 74, 80. – VII. 3, 17, 25, 27, 31, 48, 51, 77, 85, 92, 97. – VIII. 23, 29, 32, 40, 41, 59, 64, 72, 73, 77, 79. – IX. 6 (7), 19, 30, 35, 48, 52, 53, 59, 68. – X. 1, 5, 9, 11, 19 (18), 33, 36, 38, 45, 72, 76, 79, 80, 96. – XI. 6, 7, 8, 12, 24, 34. – XII. 34, 92. – Xen. 2, 46, 48, 51.

Rüdiger: I. 17, 56, 71, 100, 117. – II. 13, 58, 90. – III. 37, 53, 54, 59, 67, 89. – IV. 20, 38, 65, 72. – V. 12, 28. – VI. 60 (61), 82. – VII. 10, 65, 81. – VIII. 9, 19, 27, 44, 47, 60. – IX. 29, 97. – X. 13 (20), 30, 39, 46. – XI. 17, 59, 64, 66, 89, 92, 108. – XII. 7, 47 (46), 58, 61, 88. – De spect. 32 (31). – Xen. 21. – Ap. 6, 143.

Sternbach: II. 44. – IV. 21. – V. 17. – VII. 4. – XII. 4 (5), 51.

Tscherning: XII. 12.

Ungenannte Übersetzer: I. 38, 54, 102, 107, 110, 118. – II. 80. – III. 41 (40). – IV. 69. – V. 43, 57, 74. – VI. 14, 17. – VII. 76. – VIII. 57, 76. – IX. 9 (10), 78, 81, 98. – X. 23, 54, 84. – XI. 67, 79, 83. – XII. 10, 30, 73.

J. H. Voß: VI. 53.

Weiße: X. 47.

Neues aus der Reihe der zwei-
sprachigen Tusculum-Bücher

Alkiphron: Hetärenbriefe
2. vermehrte Auflage
100 Seiten · Leinen 3.—

Apuleius: Amor und Psyche
Musaios: Hero und Leander
144 Seiten · Leinen 4.—

Corpus Iuris
Eine Auswahl von R. Düll
260 Seiten · Leinen 5.50

Ovid: Briefe der Leidenschaft
Neuausgabe der Heroides
320 Seiten · Leinen 5.50

Bereits erschienen ist:
Ovid: Liebeskunst
9. Tausend · Leinen 5.—

Verlangen Sie das vollstän-
dige Verzeichnis der Reihe

Druck von H. Laupp jr in Tübingen